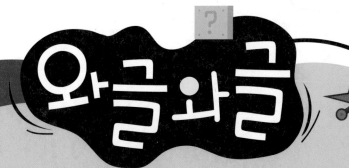

와글와글

엔트리로
레트로 게임
만들기 엔트리 활용

GAME

ENTRY

CODING

GROWTH!

MARINE
M A R I N E B O O K S

이 책의 목차
CONTENTS

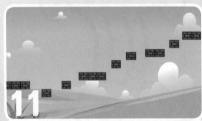
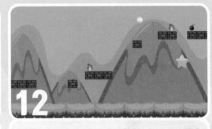

엔트리로 다양한 게임을 만들면서
신나고 재미있는 레트로게임을 즐겨 보세요!

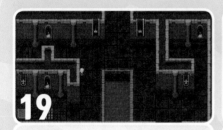
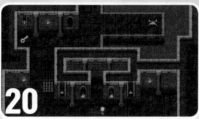
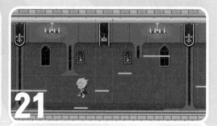

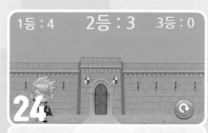

자연스럽게 벽 튕기기

엔트리로 게임을 만들고 싶었지만 너무 어려워 만들지 못했다면 가장 쉬운 벽돌 깨기 게임을 먼저 만들어 봐요. 벽을 튕긴 공이 아래쪽 벽에 닿지 않도록 가로 바를 이용하여 공을 튕겨내는 벽돌 게임을 만들어 보겠습니다.

▸ 오브젝트의 이동 방향을 변경할 수 있습니다.
▸ 조건 블록을 사용해 조건에 따라 오브젝트를 움직일 수 있습니다.
▸ 오브젝트가 마우스를 따라다니게 할 수 있습니다.

실습파일 : 벽 튕기기.ent   완성파일 : 벽 튕기기(완성).ent

미션 미리보기

바는 마우스 포인터의 x 좌표로 이동하고 공이 위쪽, 오른쪽, 왼쪽 벽에 튕겨 아래로 내려오면 바를 이용해 공을 위로 다시 튕겨내도록 코딩해 보세요.

'공' 오브젝트가 '바' 오브젝트에 닿으면 튕기기

'공' 오브젝트가 벽에 닿으면 튕기기

✔ 사용할 주요 블록

명령 블록	설명
화면 끝에 닿으면 튕기기	오브젝트가 화면 끝에 닿으면 튕겨 나옵니다.
만일 참 이라면	조건이 참이면 감싸고 있는 블록들을 실행합니다.
마우스 x▾ 좌표	마우스 포인터의 x 좌푯값을 나타냅니다.

① 마우스 포인터를 따라다니는 바 만들기

① [실습파일]-[01차시]에 있는 '벽 튕기기.ent'를 열고 '바' 오브젝트를 선택합니다.

② 마우스 포인터의 x좌표 위치로 오브젝트를 이동시키기 위해 시작의 ▶ 시작하기 버튼을 클릭했을 때를 드래그하여 추가하고 흐름의 계속 반복하기를 아래에 연결합니다.

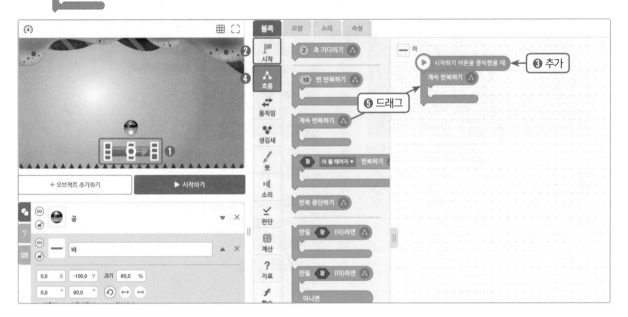

③ 오브젝트의 x 좌푯값을 마우스 포인터의 x 좌푯값으로 이동하기 위해 움직임의 x: 10 위치로 이동하기를 반복 블록 안에 추가한 후 계산의 마우스 x▼ 좌표를 x 값에 끼워 넣습니다.

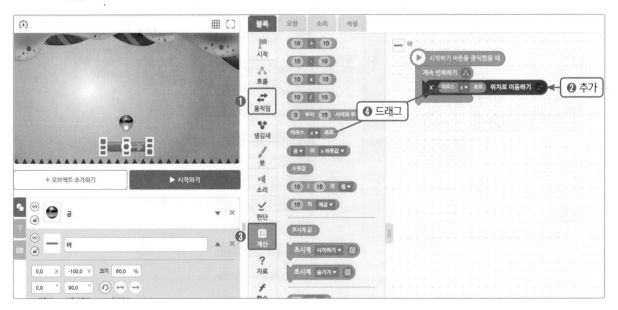

 마우스 포인터의 x 좌푯값으로 '바' 오브젝트가 반복해서 이동하게 됩니다.

② 벽에 튕기는 공 만들기

❶ '공' 오브젝트를 선택한 후 반복해서 이동시키기 위해 [시작] 의 ⟨▶ 시작하기 버튼을 클릭했을 때⟩를 드래그하여 추가하고 [흐름] 의
⟨계속 반복하기⟩를 아래에 연결합니다.

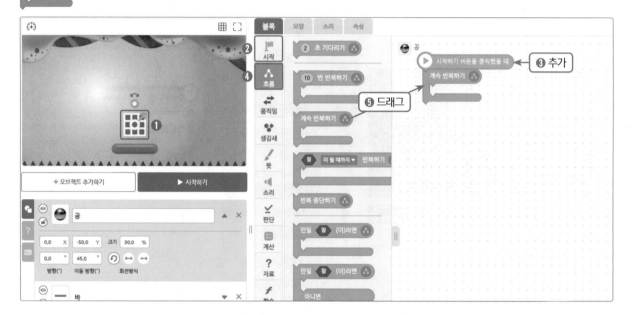

❷ '공' 오브젝트를 이동 방향으로 이동시키기 위해 [움직임] 의 ⟨이동 방향으로 10 만큼 움직이기⟩를 반복 블록 안에 연결하고 값을
'5'로 변경한 후 [움직임] 의 ⟨화면 끝에 닿으면 튕기기⟩를 아래에 연결합니다.

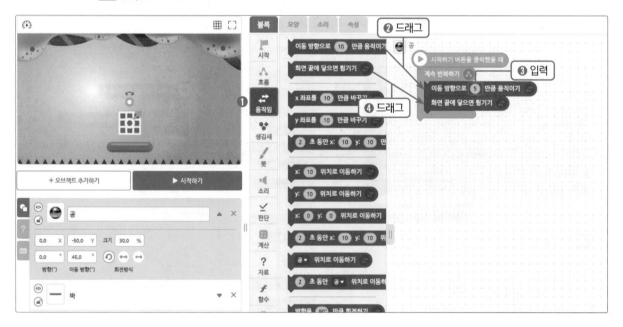

 '공' 오브젝트의 이동 방향은 '45'도로 지정되어 있어 소스를 실행하면 오른쪽 상단 대각선 방향으로 이동합니다.

❸ '바' 오브젝트에 닿으면 방향을 바꾸기 위해 [흐름]의 [만일 참 이라면] 을 아래에 연결하고 [판단]의
[마우스포인터▼ 에 닿았는가?]를 조건에 끼워 넣은 후 대상을 '바'로 변경합니다.

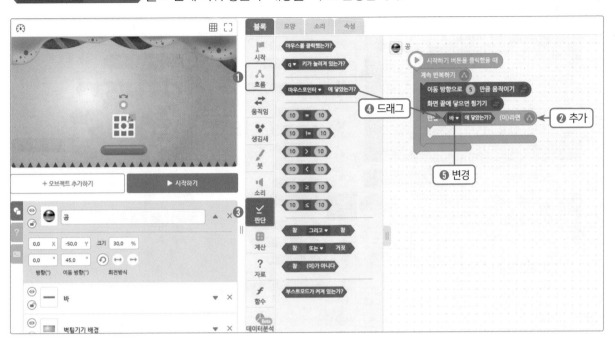

❹ '공' 오브젝트의 이동 방향을 회전하기 위해 [움직임]의 [방향을 90° (으)로 정하기]를 조건 블록 안에 연결하고 각도를 '0'으로
지정한 후 [움직임]의 [방향을 90° 만큼 회전하기]를 아래에 연결합니다.

❺ [계산]의 [0 부터 10 사이의 무작위 수]를 각도에 끼워 넣은 후 값을 '-90'부터 '90'으로 변경합니다.

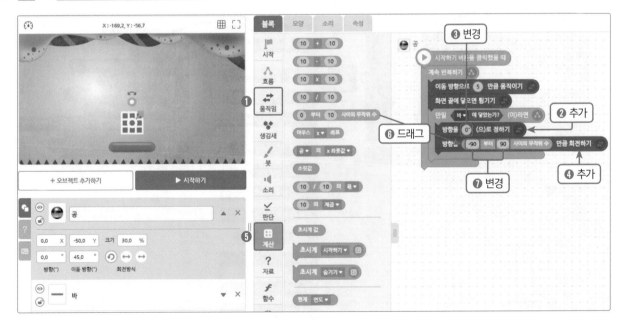

 '바' 오브젝트에 닿으면 '공' 오브젝트는 위쪽 방향(0도)으로 '-90~90' 사이의 임의의 값만큼 회전시켜 튕겨져 올라가는 것처럼
보입니다.

❻ '공' 오브젝트가 아래쪽 벽에 닿으면 처음부터 다시 시작하도록 만들기 위해 [만일 참 이라면] 의 █████ 을 아래에 연결하고 [판단] 의 [마우스포인터▼ 에 닿았는가?] 를 조건에 끼워 넣은 후 대상을 '아래쪽 벽'으로 변경합니다.

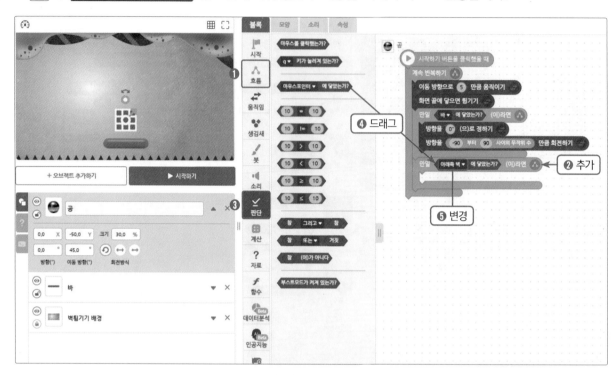

❼ [움직임] 의 [x: 0 y: 0 위치로 이동하기] 를 조건 블록 안에 연결하고 x 좌표를 '0', y 좌표를 '100'으로 변경합니다.

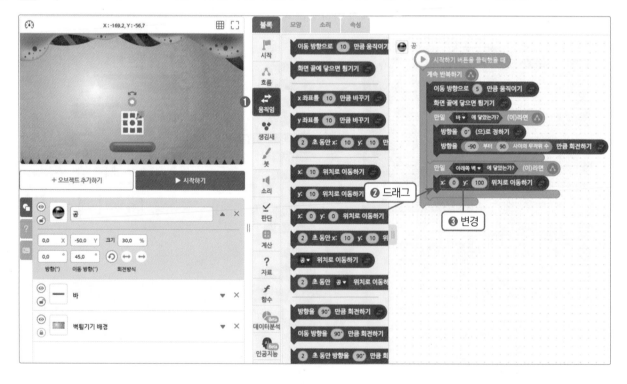

실습파일 : 탁구 게임.ent   완성파일 : 탁구 게임(완성).ent

01 '탁구 게임.ent'를 열고 '탁구채' 오브젝트가 마우스 포인터를 따라 움직이도록 코드를 완성해 보세요.

'탁구채' 오브젝트
❶ 시작하기 버튼을 클릭했을 때 ➡
❷ ❸을 계속 반복하기 ➡ ❸ '마우스 포인터' 위치로 이동하기

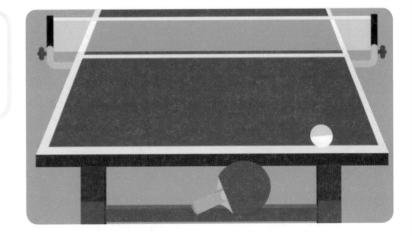

02 '탁구공' 오브젝트가 이동 방향으로 움직이면서 탁구채에 닿으면 방향을 바꿔 움직이고, 아래쪽 벽에 닿으면 처음 위치에서 다시 시작하도록 코드를 완성해 보세요.

'탁구공' 오브젝트
❶ 시작하기 버튼을 클릭했을 때 ➡
❷ ❸~⓭을 계속 반복하기 ➡ ❸
이동 방향으로 '5'만큼 움직이기 ➡
❹ 화면 끝에 닿으면 튕기기 ➡ ❺
만일 ➡ ❻ 아래쪽 벽에 닿았다면
❼~❽을 실행하기 ➡ ❼ x는 0, y
는 0으로 이동하기 ➡ ❽ 1초 기다
리기 ➡ ❾ 만일 ➡ ❿ '탁구채'에
닿았다면 ⓫~⓭을 실행하기 ➡ ⓫
이동 방향으로 '-10' 만큼 움직이기
➡ ⓬ 방향을 ⓭으로 정하기 ➡
⓭ -45부터 45사이의 무작위 수

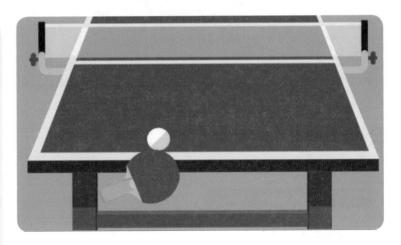

02 블록 깨기 게임 만들기

지난 차시에서 만든 벽에 공을 튕기는 게임을 응용해 벽돌 깨기 게임을 만들어 보아요. 임의의 위치에서 나타나는 벽돌에 공을 튕겨 맞추면 점수가 올라가도록 게임을 만들어요.

학습목표
▸ 임의의 위치에 블록을 나타낼 수 있습니다.
▸ 변수를 이용해 점수를 확인할 수 있습니다.
▸ 변수를 이용해 게임의 횟수를 제한할 수 있습니다.

실습파일 : 블록 깨기.ent   완성파일 : 블록 깨기(완성).ent

미션 미리보기

임의의 위치에 블록을 만들고 블록이 공에 닿으면 사라지고 점수가 증가하도록 만들어 보세요. 변수를 이용해 생명 횟수를 정하고 아래쪽 벽에 닿으면 생명이 1씩 줄어 0이 되면 게임이 끝나도록 코딩해 보세요.

'점수' 변수를 추가해 공이 블록에 닿으면 블록이 사라지면서 점수에 1씩 더하기

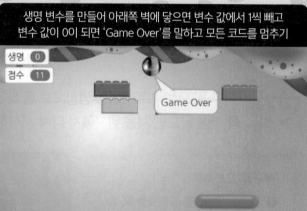

생명 변수를 만들어 아래쪽 벽에 닿으면 변수 값에서 1씩 빼고 변수 값이 0이 되면 'Game Over'를 말하고 모든 코드를 멈추기

✅ 사용할 주요 블록

명령 블록	설명
안녕! 을(를) 4 초 동안 말하기▼	입력한 텍스트를 지정한 초 동안 말합니다.
모든▼ 코드 멈추기	실행하고 있는 모든 코드를 멈춥니다.
생명▼ 를 10 (으)로 정하기	선택한 변수의 값을 입력한 값으로 정합니다.
생명▼ 값	선택한 변수 값을 나타냅니다.

1 점수와 생명 변수 만들기

❶ [실습파일]-[02차시]에 있는 '블록 깨기.ent'를 열고 [속성] 탭-[변수]-[변수 추가하기] 버튼을 클릭합니다.

❷ 변수 이름에 '생명'을 입력하고 [확인] 버튼을 클릭합니다. 같은 방법으로 '점수' 변수도 추가합니다.

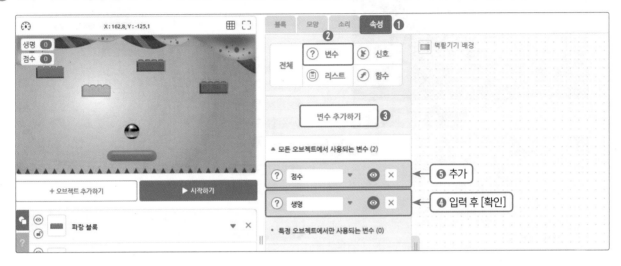

2 임의의 위치에 블록 보이기

❶ 블록이 '공' 오브젝트에 닿았는지 판단하기 위해 [블록] 탭을 선택합니다. 이어서, '파랑 블록' 오브젝트를 선택한 후
의 시작하기 버튼을 클릭했을 때 를 드래그하여 추가하고 의 계속 반복하기 를 아래에 연결합니다.

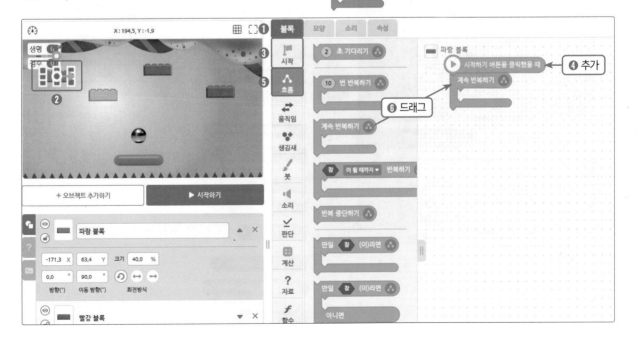

❷ 의 [만일 참 이라면] 을 반복 블록 안에 연결하고 의 [마우스포인터▼ 에 닿았는가?] 를 조건에 끼워 넣은 후 대상을 '공'으로 변경합니다.

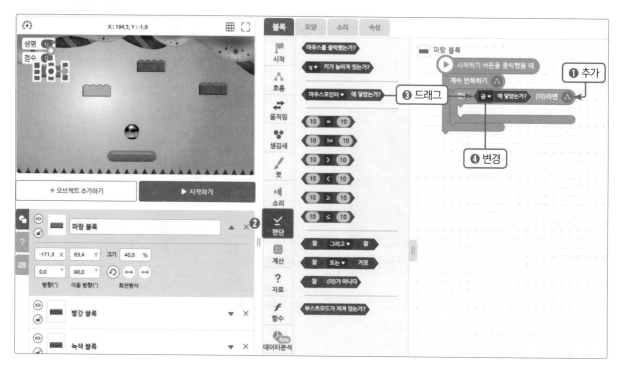

❸ '파랑 블록' 오브젝트가 '공' 오브젝트에 닿으면 '점수' 변수에 1을 더하고 모양을 숨기기 위해 의 [점수▼ 에 10 만큼 더하기] 를 조건 블록 안에 연결합니다. 이어서, 변수는 '점수', 값은 '1'로 변경한 후 의 [모양 숨기기] 를 아래에 연결합니다.

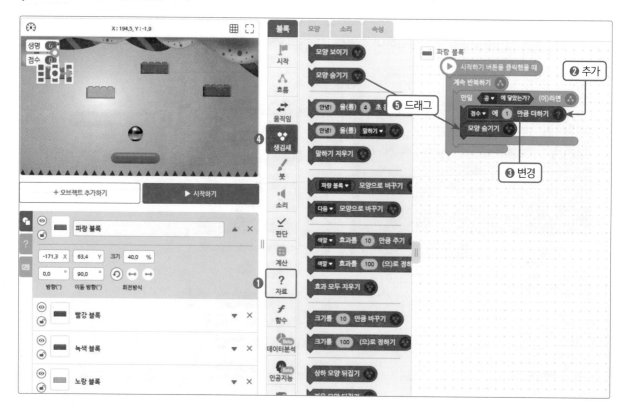

❹ 숨겨진 '파랑 블록' 오브젝트가 임의의 위치에서 다시 나타나도록 만들기 위해 [움직임]의 [x: 0 y: 0 위치로 이동하기]를 아래에 연결하고 [계산]의 [0 부터 10 사이의 무작위 수]를 x와 y 값에 각각 끼워 넣은 후 x는 '−170'부터 '170'으로, y는 '20'부터 '80'으로 변경합니다.

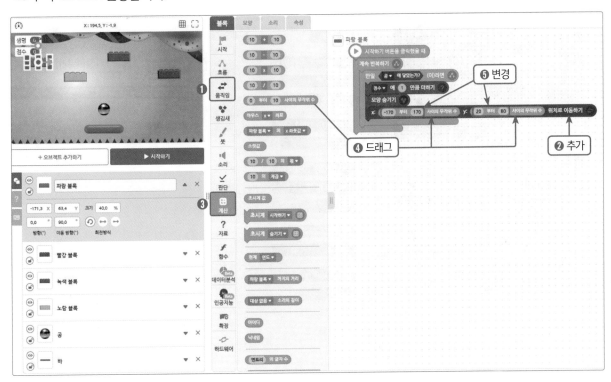

❺ 임의의 위치로 이동한 '파랑 블록' 오브젝트를 2초 기다렸다가 보이도록 만들기 위해 [흐름]의 [2 초 기다리기]와 [생김새]의 [모양 보이기]를 아래에 연결합니다.

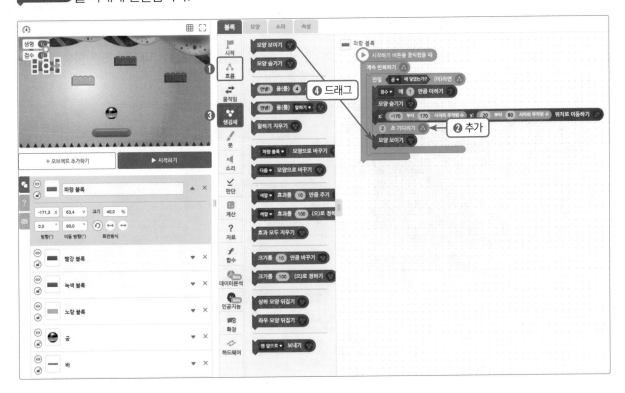

6 ▶ 시작하기 버튼을 클릭했을 때 위에서 마우스 오른쪽 버튼을 클릭하여 [코드 복사]를 선택한 후 '빨강 블록', '녹색 블록', '노랑 블록' 오브젝트에 각각 [붙여넣기]를 합니다.

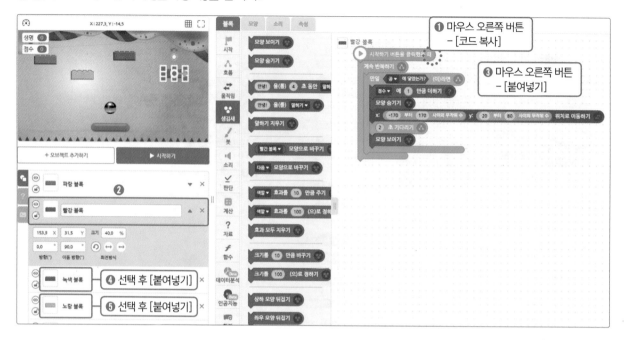

---

3 생명 횟수를 제한하고 게임 종료하기

1 '생명'을 3회로 제한하기 위해 '공' 오브젝트를 선택하고 ?자료 의 점수▼ 를 10 (으)로 정하기 ? 를 ▶ 시작하기 버튼을 클릭했을 때 블록 아래에 연결한 후 변수를 '생명', 값을 '3'으로 변경합니다.

2 아래쪽 벽에 닿으면 '생명' 변수에 –1을 더하기 위해 ?자료 의 점수▼ 에 10 만큼 더하기 ? 를 마지막 조건 블록에 연결한 후 변수를 '생명', 값을 '–1'로 변경합니다.

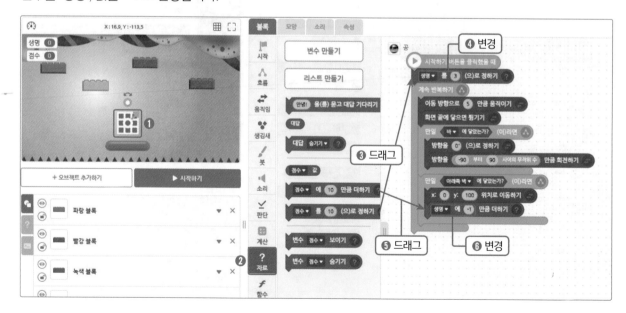

❸ '생명' 변수 값이 '0'이 되는 조건을 만들기 위해 [흐름]의 [만일 참 이라면] 을 [화면 끝에 닿으면 튕기기] 블록 아래에 연결하고 조건에 [판단]의 < 10 = 10 > 을 끼워 넣습니다.

❹ 왼쪽에는 [자료]의 [점수 ▼ 값] 을 끼워 넣고 변수를 '생명', 오른쪽에는 '0'을 입력합니다.

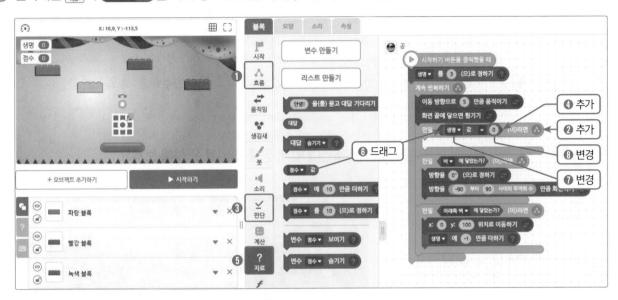

❺ 조건에 맞으면 '게임 종료'를 말하고 코드를 멈추기 위해 [생김새]의 [안녕! 을(를) 4 초 동안 말하기 ▼] 를 조건 블록 안에 연결합니다. 이어서, 텍스트에 'Game Over', 초를 '4'로 변경한 후 [흐름]의 [모든 ▼ 코드 멈추기] 를 아래에 연결합니다.

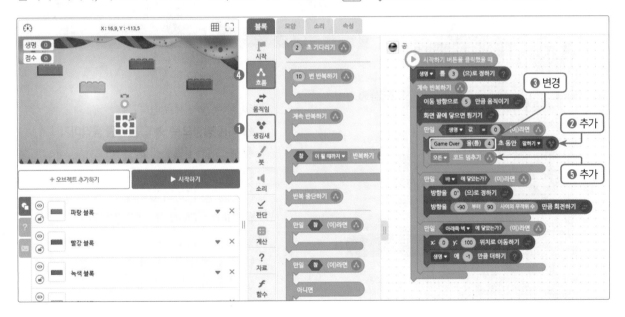

❻ 코딩을 마쳤으면 [▶] 를 클릭하여 벽돌 깨기 게임을 해 보세요. 블록에 공이 닿을 때마다 점수가 올라가고 아래쪽 벽에 공이 닿으면 생명이 하나씩 줄어드는지 확인해 보세요.

실습파일 : 핑퐁 게임.ent   완성파일 : 핑퐁 게임(완성).ent

 01 '핑퐁 게임.ent' 파일을 열어 다음과 같이 변수를 추가해 보세요.

- 변수 이름 : 횟수, 기본 값 : 0   • 변수 이름 : 점수, 기본 값 : 0   • 변수 이름 : 속도, 기본 값 : 3

 02 '탁구공' 오브젝트를 선택해 다음 조건에 맞게 핑퐁 게임을 완성해 보세요.

- 탁구채에 닿을 때마다 점수가 1점씩, 속도가 0.5씩 증가하기
- 아래쪽 벽에 닿으면 횟수가 1씩 줄어들어 0이 되면 'Game Over'를 4초간 말하고 모든 코드 멈추기

시작하기 버튼을 클릭했을 때
횟수▼ 를 3 (으)로 정하기 ❶
계속 반복하기
　이동 방향으로 속도▼ 값 만큼 움직이기 ❷
　화면 끝에 닿으면 튕기기
　만일 아래쪽 벽▼ 에 닿았는가? (이)라면
　　x: 0 y: 0 위치로 이동하기
　　속도▼ 를 3 (으)로 정하기 ❸
　　횟수▼ 에 -1 만큼 더하기 ❹
　　만일 횟수▼ 값 = 0 (이)라면 ❺
　　　Game Over 을(를) 3 초 동안 말하기▼ ❻
　　　모든▼ 코드 멈추기 ❼
　　1 초 기다리기
　만일 탁구채▼ 에 닿았는가? (이)라면
　　이동 방향으로 -10 만큼 움직이기
　　방향을 -45 부터 45 사이의 무작위 수 (으)로 정하기
　　점수▼ 에 1 만큼 더하기 ❽
　　속도▼ 에 0.5 만큼 더하기 ❾

❶ '횟수'를 '3'으로 정하기
❷ 이동 방향으로 '속도' 값만큼 움직이기
❸ '속도'를 '3'으로 정하기
❹ '횟수'에 '-1'만큼 더하기
❺ 만일 '횟수' 값이 '0'이라면
❻ 'Game Over'를 3초간 말하기
❼ '모든' 코드 멈추기
❽ '점수'에 '1'만큼 더하기
❾ '속도'에 '0.5'만큼 더하기

장면의 일부만 보이도록 만들기

03

멧돼지가 마을에 나타나 농작물을 다 먹어치워 멧돼지 사냥을 하려고 합니다. 깜깜한 밤에도 잘 보이는 렌즈를 활용해 멧돼지가 어디서 나타나는지 확인해 보세요.

▸ 다른 오브젝트를 따라 이동할 수 있습니다.
▸ 임의의 위치에서 오브젝트가 나타나도록 복제할 수 있습니다.
▸ 여러 개의 오브젝트로 그림자 효과를 표현할 수 있습니다.

실습파일 : 사냥하기.ent   완성파일 : 사냥하기(완성).ent

미션 미리보기

투명도가 다른 '가림막' 오브젝트들이 서로 따라다니도록 만들어 장면의 일부분만 보이도록 하고 멧돼지는 임의의 위치에서 나타나 오른쪽으로 이동하도록 코딩해 보세요.

'가림막' 오브젝트들이 서로 따라다니도록 코딩

'돼지' 오브젝트가 임의의 위치에서 나타나 오른쪽으로 걸어감

✔ 사용할 주요 블록

명령 블록	설명
자신 ▼ 의 복제본 만들기 ⚡	선택한 오브젝트의 복제본을 만듭니다.
복제본이 처음 생성되었을때	해당 오브젝트의 복제본이 새로 생성되었을 때 연결된 블록들이 실행됩니다.
0 부터 10 사이의 무작위 수	입력한 두 수 사이에서 무작위 수를 추출합니다.
가림막1 ▼ 까지의 거리	선택한 오브젝트와의 거리 값입니다.
가림막3 ▼ 쪽 바라보기	선택한 오브젝트 또는 마우스 포인터를 바라보도록 회전합니다.

❶ [실습파일]-[03차시]에 있는 '사냥하기.ent'를 열고 '가림막1' 오브젝트를 선택합니다. 이어서, 의
  를 추가한 후 의 를 아래에 연결합니다.

❷ 마우스 포인터가 있는 곳으로 방향을 회전하기 위해 의 를 반복 블록 안에 연결한 후 '마우스
  포인터'로 변경합니다.

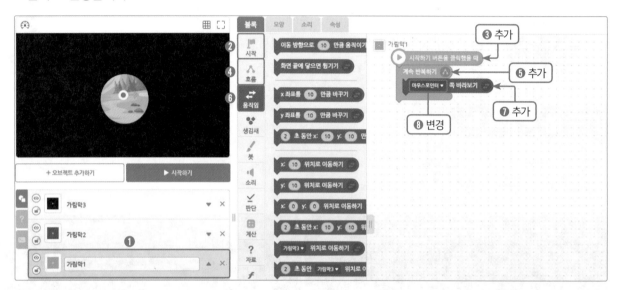

❸ 마우스 포인터가 있는 곳으로 오브젝트를 이동시키기 위해 의 를 아래에 연결하고
  의 10 / 10 을 값에 끼워 넣습니다.

❹ 왼쪽 값에는 의 가림막1 ▼ 까지의 거리 를 끼워 넣고 대상을 '마우스포인터'로 변경한 후 오른쪽 값에는 '6'을 입력
  합니다.

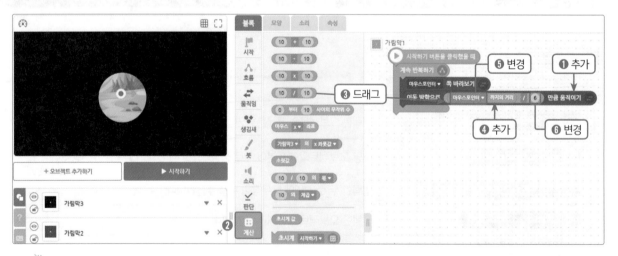

 마우스 포인터까지의 거리를 6으로 나눈 만큼 반복해서 움직이면 마우스 포인터 위치까지 오브젝트가 서서히 접근하면서 움직
  입니다.

⑤  위에서 마우스 오른쪽 버튼을 클릭하여 [코드 복사]를 선택한 후 '가림막2'와 '가림막3' 오브젝트에 붙여 넣습니다. 이어서, ~쪽 바라보기와 이동 방향의 대상을 '가림막2' 오브젝트는 '가림막1', '가림막3'오브젝트는 '가림막2'로 변경합니다.

▲ '가림막2' 오브젝트   ▲ '가림막3' 오브젝트

② 임의의 위치에서 이동하는 멧돼지 만들기

① 장면에 해당 오브젝트를 숨기고 임의의 초를 기다린 후 멧돼지의 복제본을 만들기 위해 '돼지' 오브젝트를 선택하고 [시작] 의 를 추가합니다.

② [생김새]의 모양 숨기기 와 [흐름]의 계속 반복하기 를 차례대로 연결합니다.

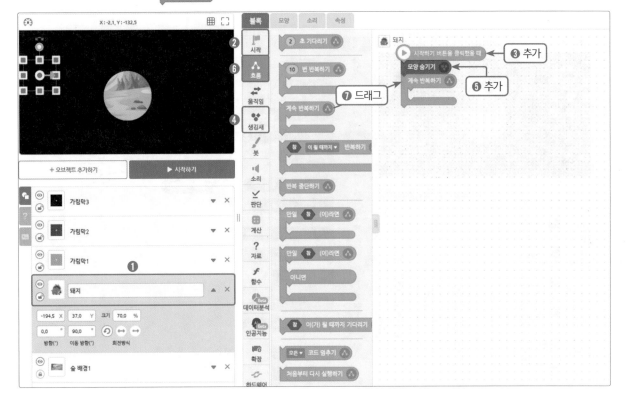

❸ ᴧ흐름의 ⟨2 초 기다리기 ᴧ⟩를 반복 블록에 연결하고 ⊞계산의 ⟨0 부터 10 사이의 무작위 수⟩를 초에 끼워 넣은 후 '2'부터 '5' 사이로 값을 변경합니다. 이어서, ᴧ흐름의 ⟨자신▼의 복제본 만들기 ᴧ⟩를 아래에 연결합니다.

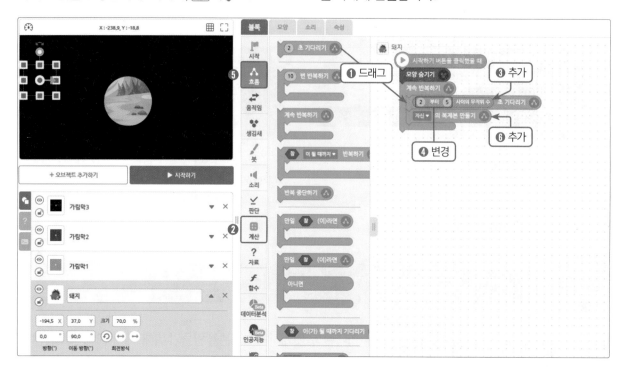

❹ 복제본이 생성되었을 때 숨겨진 오브젝트가 장면에 보이게 하기 위해 ᴧ흐름의 ⟨복제본이 처음 생성되었을때⟩를 추가하고 👫생김새의 ⟨모양 보이기⟩를 아래에 연결합니다.

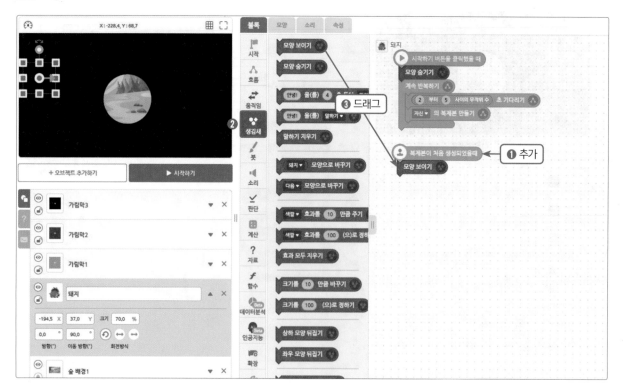

❺ 돼지가 생성될 때 임의의 위치에서 나타나도록 하기 위해 ⟷ 의 [x: 0 y: 0 위치로 이동하기] 를 아래에 연결하고 ⊞ 의 [0 부터 10 사이의 무작위 수] 를 x와 y에 각각 끼워 넣습니다.

❻ x 좌푯값은 '−200'부터 '100' 사이로, y 좌푯값은 '20'부터 '−100'으로 변경합니다.

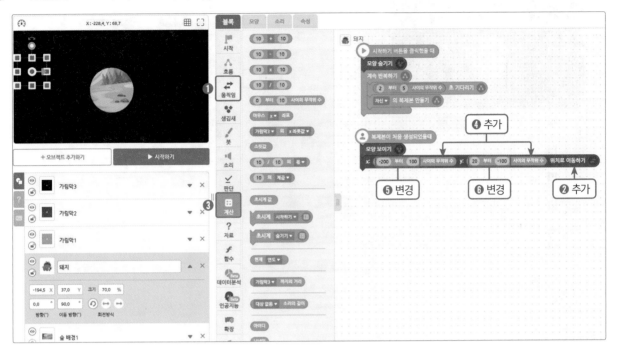

❼ '돼지' 오브젝트가 걸어가는 모양을 만들기 위해 ⋀ 의 [계속 반복하기] 를 아래에 연결하고 ✿ 의 [다음▾ 모양으로 바꾸기] 를 반복 블록 안에 연결합니다.

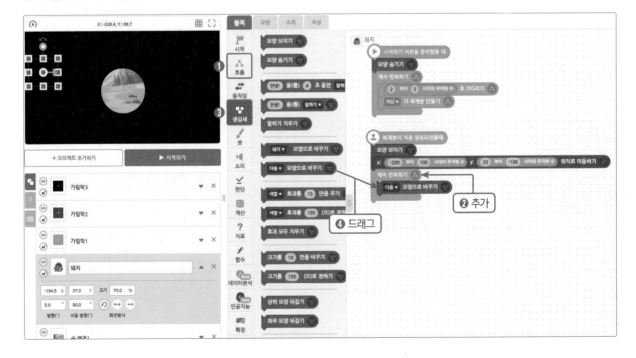

❽ '돼지' 오브젝트를 오른쪽으로 이동시키기 위해 [움직임]의 [x 좌표를 10 만큼 바꾸기]와 [흐름]의 [2 초 기다리기]를 아래에 연결하고 초를 '0.2'로 변경합니다.

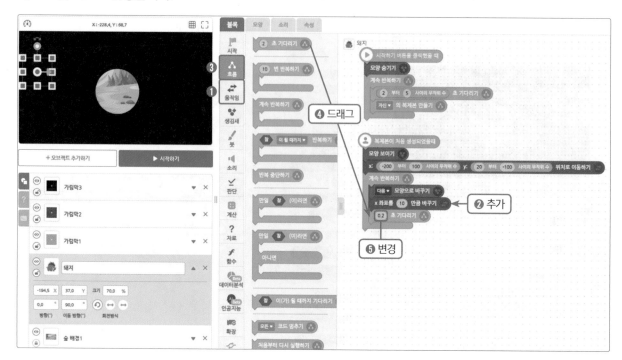

❾ 코딩을 마쳤으면 [▶]를 클릭하여 숲 배경에 멧돼지가 나타났는지 마우스를 움직여 확인합니다.

실습파일 : 상어피하기.ent   완성파일 : 상어피하기(완성).ent

01 '상어피하기.ent' 파일을 열어 상어가 임의의 위치와 속도로 움직이도록 '상어' 오브젝트에 코드를 완성해 보세요.

'상어' 오브젝트

❶ 시작하기 버튼을 클릭하면 ➜ ❷ ❸~❾ 계속 반복하기 ➜ ❸ 만일 ➜ ❹ 벽에 닿았다면 ❺~❼ 실행하기 ➜ ❺ 이동 방향으로 '-10' 만큼 움직이기 ➜ ❻ 이동 방향을 ❼로 정하기 ➜ ❼ '1'부터 '360' 사이의 무작위 수 ➜ ❽ 이동 방향으로 ❾만큼 움직이기 ➜ ❾ '1'부터 '10' 사이의 무작위 수

02 물고기 오브젝트들이 마우스를 쫓아 서로 따라다니도록 코드를 완성해 보세요.

'물고기' 오브젝트

❶ 시작하기 버튼을 클릭하면 ➜ ❷ ❸~❹ 계속 반복하기 ➜ ❸ '마우스포인터' 쪽 바라보기 ➜ ❹ '마우스포인터' 위치로 이동하기

'물고기1' 오브젝트

❶ 시작하기 버튼을 클릭하면 ➜ ❷ ❸~❻ 계속 반복하기 ➜ ❸ '물고기' 쪽 바라보기 ➜ ❹ 이동 방향으로 ❺~❻ 만큼 움직이기 ➜ ❺ '물고기'까지의 거리를 ➜ ❻ '10' 으로 나누기

'물고기2' 오브젝트

❶ 시작하기 버튼을 클릭하면 ➜ ❷ ❸~❻ 계속 반복하기 ➜ ❸ '물고기1' 쪽 바라보기 ➜ ❹ 이동 방향으로 ❺~❻ 만큼 움직이기 ➜ ❺ '물고기1'까지의 거리를 ➜ ❻ '10'으로 나누기

멧돼지 사냥 게임 만들기

04

어두운 밤에 멧돼지를 확인할 수 있게 만들었다면 이제 멧돼지를 사냥해야겠죠? 임의의 위치에서 나타나는 멧돼지가 오른쪽 벽을 넘어오지 못하도록 사냥 게임을 완성해 보세요.

학습목표

▸ 변수를 만들어 기회와 점수를 표시할 수 있습니다.
▸ 신호를 만들어 게임이 끝났다는 신호를 보낼 수 있습니다.
▸ 조건에 맞으면 복제본을 삭제할 수 있습니다.

실습파일 : 사냥 게임.ent   완성파일 : 사냥 게임(완성).ent

미션 미리보기

임의의 위치에서 오른쪽으로 이동하는 멧돼지를 클릭하여 사냥을 하고 사냥한 점수가 누적되도록 변수를 만들어 보세요.
돼지가 오른쪽 벽에 닿으면 기회가 1번씩 줄어들며 기회가 0이 되면 게임이 끝나도록 코드를 완성해 보세요.

'기회'와 '점수' 변수를 만들어 마우스 포인터로 멧돼지를 클릭한
횟수를 점수에 추가하고 오른쪽 벽에 닿으면 '기회'를 1씩 줄이기

'게임끝' 신호를 만들어 '기회'가 '0'이 되면
텍스트 오브젝트를 표시하기

✅ 사용할 주요 블록

명령 블록	설명
게임끝 ▾ 신호 보내기	선택한 신호를 보냅니다.
게임끝 ▾ 신호를 받았을 때	선택한 신호를 받았을 때 아래에 연결된 블록을 실행합니다.
이 복제본 삭제하기	실행되고 있는 복제본을 삭제합니다.
모든 ▾ 코드 멈추기	모든 코드를 멈춥니다.

1 변수와 신호 만들기

❶ [실습파일]-[04차시]에 있는 '사냥 게임.ent'를 열고 [속성] 탭-[변수]-[변수 추가하기]를 클릭하여 '기회'와 '점수' 변수를 각각 추가합니다.

❷ [신호]-[신호 추가하기]를 클릭하여 신호 이름을 '게임끝'으로 입력한 후 [확인]을 클릭해 신호를 추가합니다.

2 게임 종료 신호 보내기

❶ 기회를 3번 제공하기 위해 [블록] 탭을 선택하고 '돼지' 오브젝트를 선택합니다. 이어서, 의 점수▼ 를 10 (으)로 정하기 ? 를 ▶ 시작하기 버튼을 클릭했을 때 블록 아래에 연결한 후 변수를 '기회', 값을 '3'으로 변경합니다.

❷ '기회' 변수 값이 '0'이 되면 '게임끝' 신호를 보내기 위해  의 ┌──┐을 ⎡2 초 기다리기⎤ 블록 아래에 연결하고 의 ⟨10 = 10⟩을 조건에 끼워 넣습니다.

❸ 왼쪽에는 의 ⟨점수▼ 값⟩을 끼워 넣고 변수를 '기회'로 변경한 후 오른쪽에는 '0'을 입력합니다.

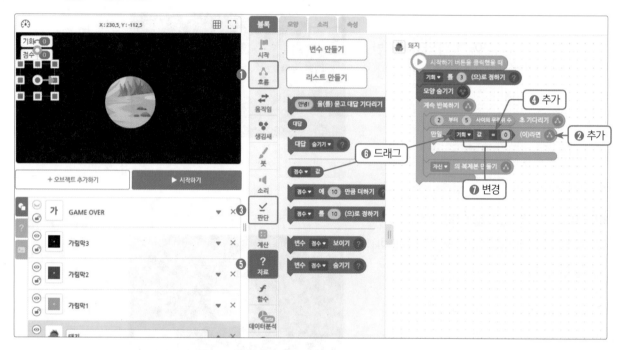

❹ 조건 블록 안에 의 ⟨게임끝▼ 신호 보내기⟩를 연결하고 의 ⟨모든▼ 코드 멈추기⟩를 아래에 연결합니다.

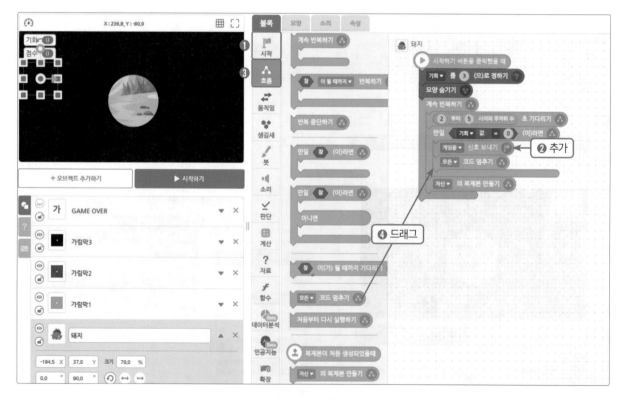

3 변수의 값을 증가 또는 감소시키기

❶ '돼지' 오브젝트의 복제본에 마우스포인터가 닿고 마우스를 클릭했는지 조건을 만들기 위해 [흐름]의 █████████을 계속 반복하기 ▲ 안에 연결합니다.

❷ [판단]의 ◀참 그리고▾ 참▶을 조건에 끼워 넣고 왼쪽 조건에는 ◀마우스포인터▾ 에 닿았는가?▶를, 오른쪽 조건에는 ◀마우스를 클릭했는가?▶를 각각 끼워 넣습니다.

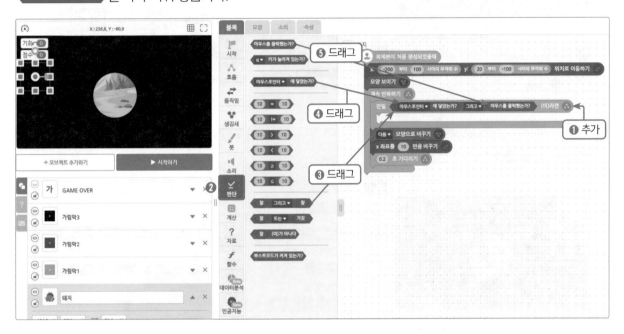

❸ 조건에 맞으면 점수를 더하고 복제본을 삭제하기 위해 [자료]의 ◀점수▾ 에 10 만큼 더하기 ?▶를 조건 블록 안에 연결하고 변수를 '점수', 값을 '1'로 변경한 후 [흐름]의 ◀이 복제본 삭제하기 ▲▶를 아래에 연결합니다.

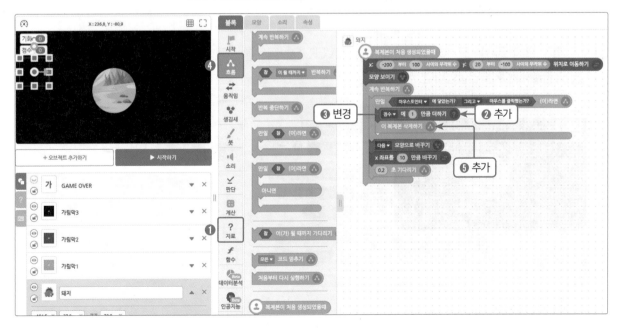

❹ '돼지' 오브젝트가 오른쪽 벽에 닿으면 '기회' 변수에서 1만큼 감소되도록 만들기 위해 [호름]의 ┌만일 참 이라면┐을 아래에 연결하고 [판단]의 ◀마우스포인터▼ 에 닿았는가?▶를 조건에 끼워 넣은 후 대상을 '오른쪽 벽'으로 변경합니다.

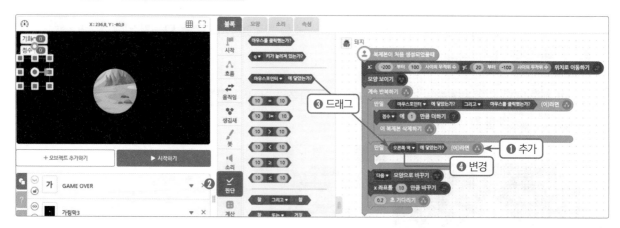

❺ [자료]의 ◀점수▼ 에 10 만큼 더하기▶를 조건 블록 안에 연결하고 변수를 '기회', 값을 '-1'로 변경한 후 [호름]의 ◀이 복제본 삭제하기▶를 아래에 연결합니다.

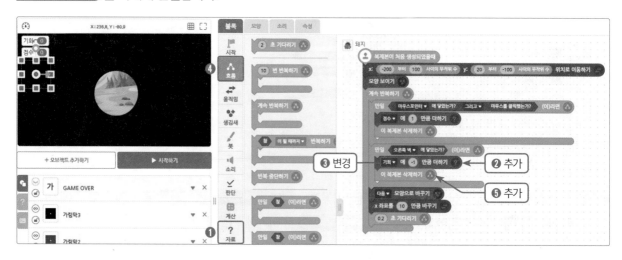

❻ 신호를 받으면 글자를 표시하기 위해 'GAME OVER' 오브젝트를 선택하고 [시작]의 ◀게임끝▼ 신호를 받았을 때▶를 추가한 후 [생김새]의 ◀모양 보이기▶를 연결합니다.

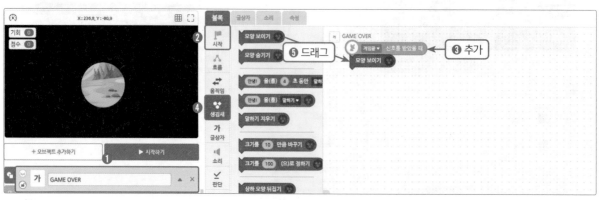

 예제 파일에는 'GAME OVER' 오브젝트가 숨김으로 지정되어 있습니다.

혼자서 미션 해결하기

실습파일 : 상어피하기게임.ent   완성파일 : 상어피하기게임(완성).ent

01 '상어피하기게임.ent' 파일을 열어 '상어' 신호와 '생명' 변수를 각각 만들어 보세요.

02 '상어'가 '물고기', '물고기1', '물고기2'와 닿으면 3개의 '생명'에서 1만큼 감소되고, '상어' 신호를 보내도록 '상어' 오브젝트에 코드를 완성해 보세요.

'상어' 오브젝트

❶ 시작하기 버튼을 클릭했을 때 ➜ ❷ '생명'을 '3'으로 정하기 ➜ ❸ ❹~❿를 계속 반복하기 ➜ ❹ 만일 조건에 맞으면 ❿~⓬를 실행하기 ➜ ❺ '물고기'에 닿았는가? ➜ ❻ 또는 ➜ ❼ '물고기1'에 닿았는가? ➜ ❽ 또는 ➜ ❾ '물고기2'에 닿았는가? ➜ ❿ '상어' 신호 보내기 ➜ ⓫ '생명'에 '-1'만큼 더하기 ➜ ⓬ '2초' 기다리기

03 상어 신호를 받았을 때 '물고기' 오브젝트들이 하나씩 없어지도록 조건에 맞게 코드를 완성해 보세요.

'물고기' 오브젝트

❶ '상어' 신호를 받았을 때 ➜ ❷ ❸~❻을 계속 반복하기 ➜ ❸ 만일 조건에 만족하면 ❻ 실행하기 ➜ ❹ '생명' 값이 ➜ ❺ '0'이면 ➜ ❻ '모든' 코드 멈추기

'물고기1' 오브젝트

❶ '상어' 신호를 받았을 때 ➜ ❷ ❸~❻을 계속 반복하기 ➜ ❸ 만일 조건에 만족하면 ❻ 실행하기 ➜ ❹ '생명' 값이 ➜ ❺ '1'이면 ➜ ❻ 모양 숨기기

'물고기2' 오브젝트

❶ '상어' 신호를 받았을 때 ➜ ❷ ❸~❻을 계속 반복하기 ➜ ❸ 만일 조건에 만족하면 ❻ 실행하기 ➜ ❹ '생명' 값이 ➜ ❺ '2'이면 ➜ ❻ 모양 숨기기

변수를 이용한 게임 만들기

중세시대에 전투가 벌어졌어요. 사람들이 다치지 않고 성을 보호할 수 있도록 가위 바위 보로 전투를 진행하기로 했어요. 여러분이 성을 방어하기 위해 가위 바위 보로 적을 물리쳐 보세요.

학습목표

▸ 변수 값을 임의의 값으로 정할 수 있습니다.
▸ 조건에 맞는 동안 반복 동작을 실행할 수 있습니다.
▸ 변수에 저장된 값의 모양으로 오브젝트를 변경할 수 있습니다.

실습파일 : 가위바위보.ent   **완성파일** : 가위바위보(완성).ent

미션 미리보기

적의 손은 모양이 계속 바뀌고 사용자가 가위 바위 보 중 하나를 선택하면 적도 가위 바위 보 중 하나를 임의대로 선택해 보여주도록 코딩해 보세요.

적의 손은 빠르게 가위 바위 보로 바뀌고 오른쪽에서는 가위 바위 보를 사용자가 선택	사용자가 특정 손 모양을 선택하면 적의 손은 가위 바위 보 중 임의의 모양을 선택해 표시

✅ 사용할 주요 블록

명령 블록	설명
참 이 될 때까지 ▼ 반복하기	판단이 참이 될 때까지 또는 참일 동안 감싸고 있는 블록을 실행합니다.
색깔 ▼ 효과를 10 만큼 주기	오브젝트에 선택한 효과를 지정한 값만큼 적용합니다.
생명 ▼ 를 10 (으)로 정하기	선택한 변수의 값을 입력한 값으로 정합니다.

1 사용자 가위 바위 보 선택하기

❶ [실습파일]-[05차시]에 있는 '가위바위보.ent'를 열고 [속성] 탭-[변수]-[변수 추가하기]를 클릭하여 '컴퓨터'와
'게이머' 변수를 추가하고 장면에 표시되지 않도록 를 클릭합니다.

❷ [속성] 탭-[신호]-[신호 추가하기]를 클릭해 '승패' 신호를 추가합니다.

❸ 게임이 시작되면 투명도 효과를 지정하기 위해 [블록] 탭을 클릭하고 '가위' 오브젝트를 선택합니다.

❹ <kbd>시작</kbd>의 <kbd>▶ 시작하기 버튼을 클릭했을 때</kbd>를 추가한 후 <kbd>생김새</kbd>의 <kbd>색깔 ▾ 효과를 10 만큼 주기</kbd>를 연결하여 효과를 '투명도', 값을 '30'으로
변경합니다.

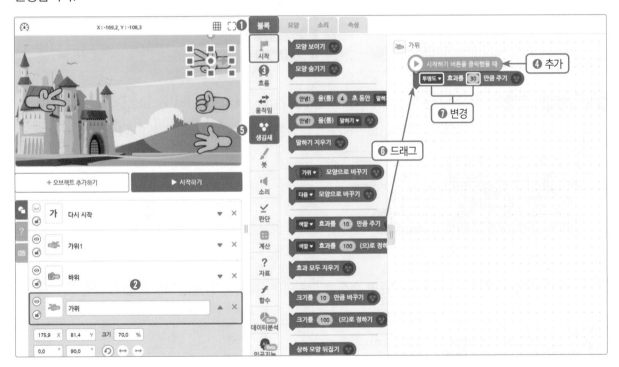

❺ <kbd>▶ 시작하기 버튼을 클릭했을 때</kbd> 위에서 마우스 오른쪽 버튼을 클릭하여 [코드 복사]를 선택합니다. 이어서, '바위'와 '보' 오브
젝트를 선택하고 마우스 오른쪽 버튼을 클릭하여 [붙여넣기]를 각각 실행합니다.

❻ '가위' 오브젝트를 클릭하면 사용자가 선택한 것이 가위 바위 보 중 어떤 것인지 기억하기 위해 📄 의
🔵 오브젝트를 클릭했을 때 를 추가하고 ? 의 게이머▾ 를 10 (으)로 정하기 ? 를 연결한 후 변수를 '게이머', 값을 '1'로 변경합니다.

❼ '가위' 오브젝트를 클릭하면 투명도 효과를 없애기 위해 😺 의 색깔▾ 효과를 100 (으)로 정하기 를 연결하고 효과를 '투명도', 값을 '0'으로 변경합니다.

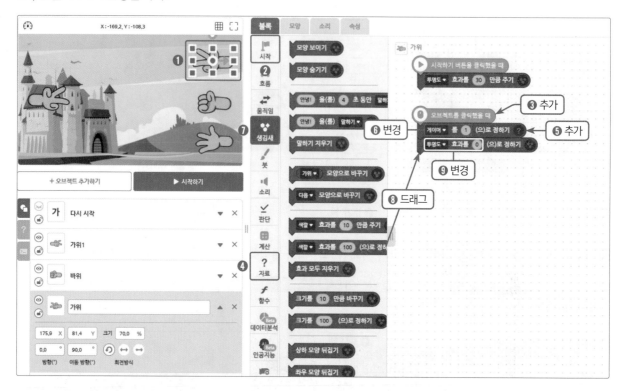

❽ 🔵 오브젝트를 클릭했을 때 위에서 마우스 오른쪽 버튼을 클릭하여 [코드 복사]를 선택한 후 '바위' 오브젝트를 선택합니다.
이어서, 마우스 오른쪽 버튼을 클릭하여 [붙여넣기]를 선택하고 변수 값을 '2'로 변경합니다.

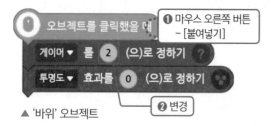

▲ '바위' 오브젝트

❾ '보' 오브젝트를 선택한 후 마우스 오른쪽 버튼을 클릭하여 [붙여넣기]를 선택하고 변수 값을 '3'으로 변경합니다.

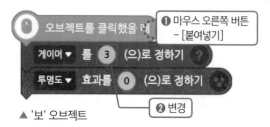

▲ '보' 오브젝트

② 적의 가위 바위 보 선택하기

❶ 사용자가 가위 바위 보를 선택할 때까지 오브젝트 모양을 계속 바꾸기 위해 '가위1' 오브젝트를 선택합니다. 이어서, 시작 의 ▶ 시작하기 버튼을 클릭했을 때 를 추가한 후 흐름 의 참 이 될 때까지 ▼ 반복하기 ↻ 를 연결합니다.

❷ 판단 의 10 = 10 을 조건에 끼워 넣고 왼쪽에는 자료 의 게이머 ▼ 값 을, 오른쪽에는 '0'을 입력한 후 반복하기 조건을 '인 동안'으로 변경합니다.

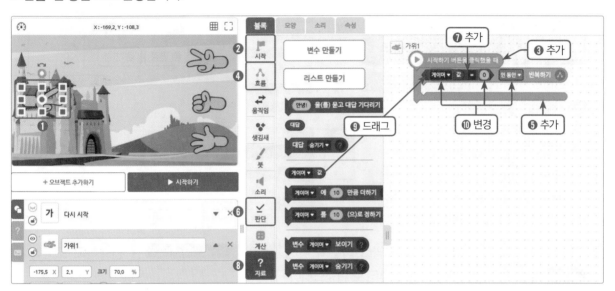

'게이머' 변수의 초기 값이 '0'이므로 사용자가 가위 바위 보를 선택해 변수 값이 변하기 전까지 계속 반복합니다.

❸ 오브젝트 모양을 계속 바꾸기 위해 생김새 의 다음 ▼ 모양으로 바꾸기 를 조건 블록 안에 연결하고 흐름 의 2 초 기다리기 ↻ 를 아래에 연결한 후 초를 '0.1'로 변경합니다.

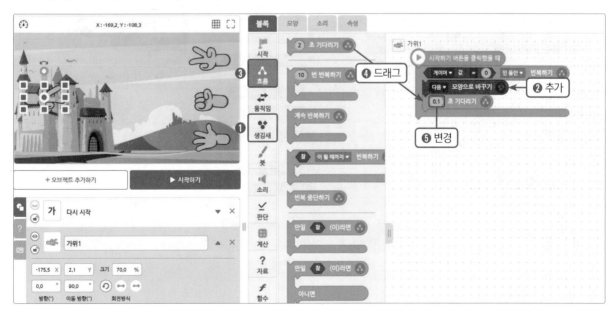

❹ 가위 바위 보 중 임의의 모양을 선택하기 위해 [?자료]의 게이머▼ 를 10 (으)로 정하기 ?를 아래에 연결하고 변수를 '컴퓨터'로 변경합니다.

❺ [계산]의 0 부터 10 사이의 무작위 수를 값에 끼워 넣은 후 '1'부터 '3' 사이의 무작위 수로 변경합니다.

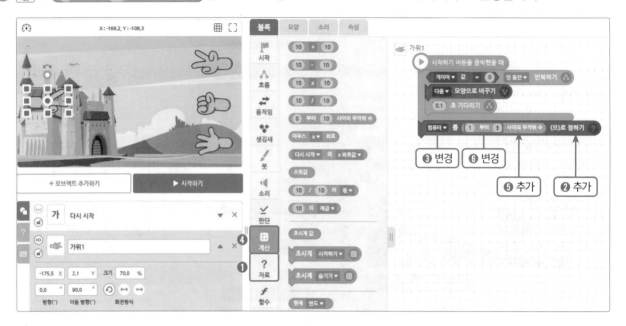

❻ '컴퓨터' 변수 값으로 오브젝트의 모양을 바꾸기 위해 [생김새]의 다음▼ 모양으로 바꾸기 ❤를 연결하고 모양에 [?자료]의 게이머▼ 값를 끼워 넣은 후 변수를 '컴퓨터'로 변경합니다.

❼ 신호를 보내 게임 결과를 확인하기 위해 [시작]의 승패▼ 신호 보내기 ⚑를 아래에 연결합니다.

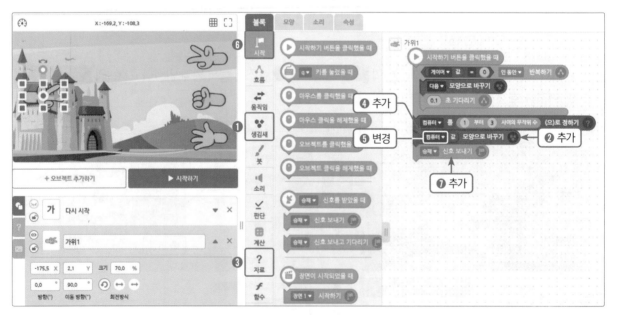

 '다시 시작' 오브젝트는 장면에서 보이지 않도록 설정되어 있으며, 다음 차시에서 게임을 다시 시작할 수 있도록 코딩하기 위해 신호를 보내는 코딩을 미리 합니다.

혼자서 미션 해결하기

실습파일 : 참참참.ent   완성파일 : 참참참(완성).ent

01 '참참참.ent' 파일을 열어 '판정', '선택' 신호와 '게이머', '컴퓨터' 변수를 각각 만들어 보세요.

> • '게이머'와 '컴퓨터' 변수는 장면에 표시되지 않도록 하시오.

02 왼쪽 또는 오른쪽 화살표 키를 누르면 '손가락' 오브젝트가 위-아래로 2번 움직인 후 왼쪽 또는 오른쪽 방향으로 모양이 변경되도록 코드를 완성해 보세요.

'손가락' 오브젝트

❶ '선택' 신호를 받았을 때 ➔ ❷ ❸~❻을 '2'번 반복하기 ➔ ❸ y좌표를 '10' 만큼 바꾸기 ➔ ❹ '0.3'초 기다리기 ➔ ❺ y좌표를 '-10' 만큼 바꾸기 ➔ ❻ '0.3'초 기다리기 ➔ ❼ '컴퓨터'를 ❽로 정하기 ➔ ❽ '2'부터 '3' 사이의 무작위 수 ➔ ❾ '컴퓨터' 값으로 ➔ ❿ 모양으로 바꾸기 ➔ ⓫ '판정' 신호 보내기 ➔ ⓬ '2초' 기다리기 ➔ ⓭ '정면' 모양으로 바꾸기

03 왼쪽과 오른쪽 화살표 키를 이용해 방향을 선택하고 '판정' 신호를 받으면 왼쪽 또는 오른쪽 방향으로 얼굴 모양이 변경되도록 코드를 완성해 보세요.

'얼굴' 오브젝트

• ❶ '판정' 신호를 받았을 때 ➔ ❷ '게이머' 값으로 ➔ ❸ 모양 바꾸기 ➔ ❹ '2초' 기다리기 ➔ ❺ '정면얼굴' 모양으로 바꾸기

• ❶ '오른쪽 화살표' 키를 눌렀을 때 ➔ ❷ '게이머'를 '2'로 정하기 ➔ ❸ '선택' 신호 보내기

• ❶ '왼쪽 화살표' 키를 눌렀을 때 ➔ ❷ '게이머'를 '3'으로 정하기 ➔ ❸ '선택' 신호 보내기

가위 바위 보 게임 만들기

가위 바위 보 게임의 결과를 텍스트로 확인하고 게임을 다시 하기 위한 버튼이 장면에 표시되도록 게임을 만들어요.

학습 목표
▹ 변수 값을 비교해 승패를 확인할 수 있습니다.
▹ 조건에 따라 다른 텍스트를 표시할 수 있습니다.
▹ 게임을 처음부터 다시 시작할 수 있습니다.

실습파일 : 가위바위보 게임.ent   **완성파일** : 가위바위보 게임(완성).ent

미션 미리보기

컴퓨터와 게이머의 가위 바위 보 변수 값을 비교하여 결과를 텍스트로 알려주고 다시 시작을 클릭하면 게임을 처음부터 다시 시작할 수 있도록 코딩해 보세요.

가위 바위 보 중 하나를 선택하면 컴퓨터와 게이머 변수의 값을 비교해 게임 결과를 텍스트로 표시	텍스트 오브젝트를 클릭하면 게임을 처음부터 다시 시작

✓ 사용할 주요 블록

명령 블록	설명
대상없음 ▼ 신호를 받았을 때	선택한 신호를 받았을 때 연결된 블록을 실행합니다.
참 그리고▼ 참	두 조건이 모두 참일 때 참으로 판단합니다.
처음부터 다시 실행하기 ↻	작품을 처음부터 다시 실행합니다.

승패를 확인해 결과를 글자로 나타내기

1 [실습파일]-[06차시]에 있는 '가위바위보 게임.ent'를 엽니다. 이어서, '승패' 신호를 받으면 결과를 확인하기 위해
   '승패' 오브젝트를 선택하고 [시작]의 (승패▼ 신호를 받았을 때)를 추가한 후 [흐름]의 만일 참 이라면 을 연결합니다.

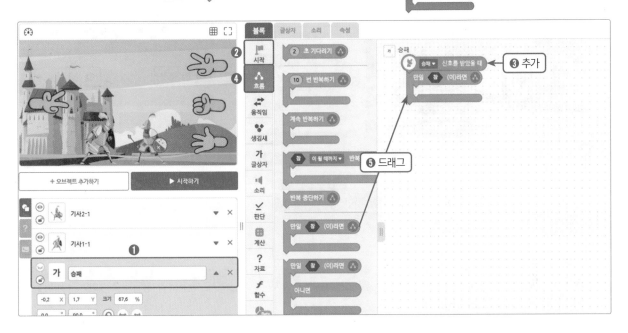

2 가위 바위 보의 승패 조건을 만들기 위해 [판단]의 (참 그리고▼ 참)을 조건에 끼워 넣고 왼쪽과 오른쪽에 각각
   [판단]의 (10 = 10)을 끼워 넣습니다.

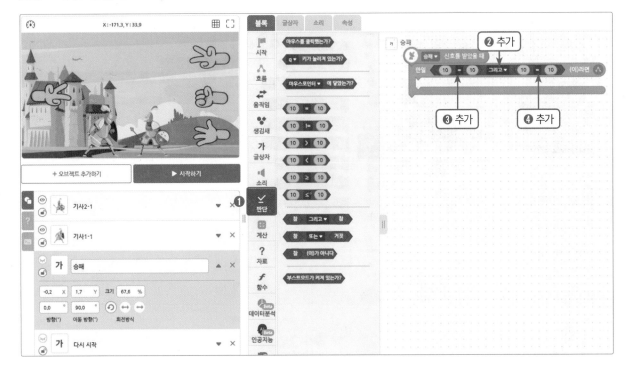

❸ '컴퓨터'와 '게이머'가 선택한 가위 바위 보를 비교해 승패를 결정하기 위해 의 [게이머 ▼ 값]을 왼쪽 조건의 왼쪽에 끼워 넣고 변수를 '컴퓨터', 오른쪽 값을 '1'로 변경합니다.

❹ 의 [게이머 ▼ 값]을 오른쪽 조건의 왼쪽에 끼워 넣고 변수를 '게이머', 오른쪽 값을 '2'로 변경합니다.

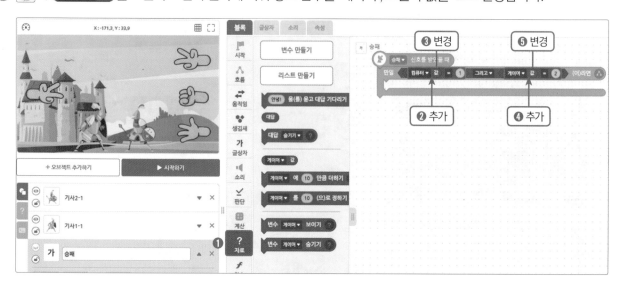

'컴퓨터'와 '게이머' 변수에 가위는 '1', 바위는 '2', 보는 '3'으로 저장되어 있으므로 '컴퓨터'가 '가위'이고 '게이머'가 '바위'일 때를 비교하는 조건문입니다.

❺ 게이머가 이겼을 때 텍스트를 표현하기 위해 [가 글상자] 의 [엔트리 라고 글쓰기 가]를 조건 블록 안에 연결하고 텍스트를 '승리'로 변경합니다.

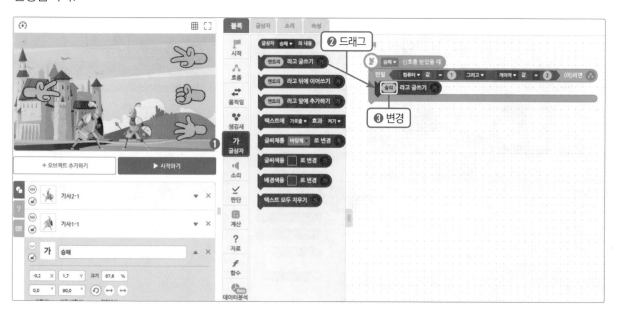

'컴퓨터'가 '가위'이고 '게이머'가 '바위'이므로 게이머가 이겼다는 텍스트로 변경합니다.

⑥ 조건 블록 위에서 마우스 오른쪽 버튼을 클릭하여 [코드 복사&붙여넣기]를 선택한 후 복사된 코드를 아래에 연결합니다.

⑦ '컴퓨터' 변수 값이 '1'이고 '게이머' 변수 값이 '3'일 때의 조건으로 변경한 후 텍스트를 '패배'로 변경합니다.

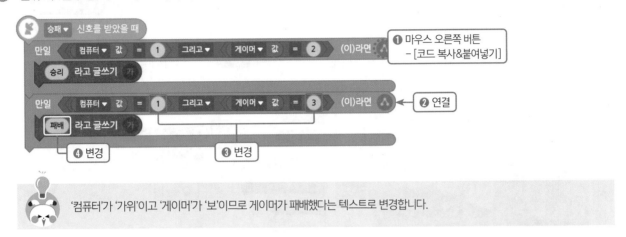

> '컴퓨터'가 '가위'이고 '게이머'가 '보'이므로 게이머가 패배했다는 텍스트로 변경합니다.

⑧ ⑥~⑦과 같은 방법으로 조건 블록을 4개 더 복사하여 아래 그림처럼 '컴퓨터'와 '게이머' 변수의 값을 변경하고 승패에 맞게 텍스트를 변경합니다.

⑨ 숨겨진 텍스트 오브젝트를 장면에서 보이도록 만들기 위해 의 모양 보이기 를 아래에 연결합니다.

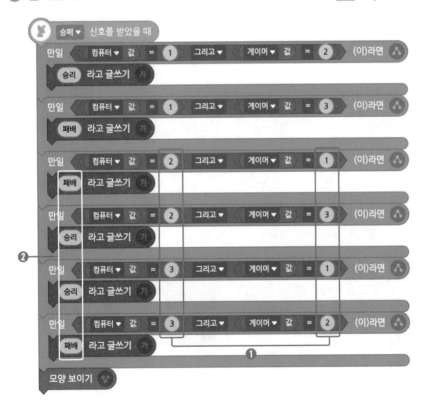

> ▸ 오브젝트 목록에서 '승패' 텍스트 오브젝트를 확인해 보면 '숨김'으로 지정되어 있습니다.
> ▸ 예제 파일에는 '기사1-1'과 '기사2-1' 오브젝트에 승패에 따라 움직이도록 코드가 작성되어 있습니다.

2 게임 다시 시작하기

① '승패' 신호를 받으면 장면에 텍스트를 표시하기 위해 '다시 시작' 오브젝트를 선택한 후 시작 의 승패▼ 신호를 받았을 때 를 추가합니다.

② 흐름 의 2 초 기다리기 를 연결하고 초를 '1'로 변경한 후 생김새 의 모양 숨기기 를 연결합니다.

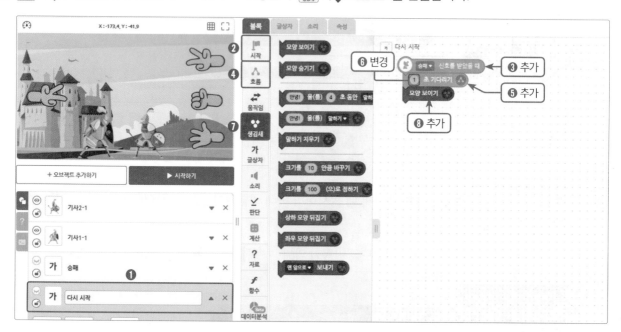

 오브젝트 목록에서 '다시 시작' 텍스트 오브젝트를 확인해 보면 '숨김'으로 지정되어 있습니다.

③ 해당 오브젝트를 클릭하면 가위 바위 보 게임이 처음부터 다시 실행되도록 하기 위해 시작 의 오브젝트를 클릭했을 때 를 추가하고 흐름 의 처음부터 다시 실행하기 를 아래에 연결합니다.

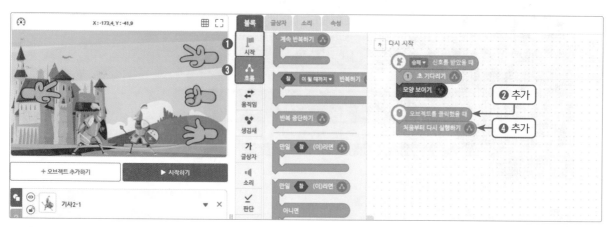

 '처음부터 다시 실행하기' 블록이 실행되면 변수의 값들도 처음 값으로 변경됩니다.

실습파일 : 참참참 게임.ent   완성파일 : 참참참 게임(완성).ent

01

❶ '참참참 게임.ent' 파일을 열어 '손가락'이 위아래로 2번 움직일 때 '라이트 심벌' 소리가 나도록 '손가락' 오브젝트에 코드를 추가해 보세요.

❷ '판정' 신호를 보내고 '4'초를 기다리도록 코드를 변경해 보세요.

 힌트

예제 파일의 '손가락' 오브젝트에는 '라이트 심벌' 소리가 추가되어 있습니다.

02 게임 결과를 판단하여 승패를 확인하고 결과에 따라 얼굴 모양이 변하도록 '얼굴' 오브젝트에 코드를 추가해 보세요.

'얼굴' 오브젝트

❶ 만일 ➜ ❷ '컴퓨터' 값이 ➜ ❸ '2'이고 ➜ ❹ 그리고 ➜ ❺ '게이머' 값이 ➜ ❻ '2'이면 ➜ ❼ '패배' 모양으로 바꾸기 ➜ ❽ "패배"를 '2초' 동안 말하기

❶ 만일 ➜ ❷ '컴퓨터' 값이 ➜ ❸ '2'이고 ➜ ❹ 그리고 ➜ ❺ '게이머' 값이 ➜ ❻ '3'이면 ➜ ❼ '승리' 모양으로 바꾸기 ➜ ❽ "승리"를 '2초' 동안 말하기

❶ 만일 ➜ ❷ '컴퓨터' 값이 ➜ ❸ '3'이고 ➜ ❹ 그리고 ➜ ❺ '게이머' 값이 ➜ ❻ '2'이면 ➜ ❼ '승리' 모양으로 바꾸기 ➜ ❽ "승리"를 '2초' 동안 말하기

❶ 만일 ➜ ❷ '컴퓨터' 값이 ➜ ❸ '3'이고 ➜ ❹ 그리고 ➜ ❺ '게이머' 값이 ➜ ❻ '3'이면 ➜ ❼ '패배' 모양으로 바꾸기 ➜ ❽ "패배"를 '2초' 동안 말하기

 힌트

판정▼ 신호를 받았을 때 아래쪽의 '2'초 기다리기 블록과 '정면얼굴' 모양으로 바꾸기 블록 사이에 필요한 블록들을 추가합니다.

입체감 있는 움직임 만들기

07

자동차에 관심이 많은 지성이는 자동차를 직접 운전해 보고 싶었어요. 하지만 나이가 어려 운전 면허증을 딸 수가 없었던 지성이는 엔트리를 이용해 실제로 자동차 운전을 하는 것처럼 입체감 있는 운전 연습 게임을 만들고 싶어졌어요.

학습목표
▸ 크기와 모양을 변경해 입체감 있는 움직임을 만들 수 있습니다.
▸ 원하는 조건이 될 때까지 반복할 수 있습니다.
▸ 배경이 위에서 아래로 이동하도록 만들 수 있습니다.

실습파일 : 자동차운전.ent　　**완성파일** : 자동차운전(완성).ent

미션 미리보기

실제 자동차 운전을 하는 것 같이 먼 곳에 있는 자동차와 표지판이 점점 가까이 다가오는 것처럼 보이도록 복제본을 만들어 크기와 위치를 변경해 보세요.

'경계선'과 '표지판' 오브젝트는 복제본을 만들어 아래쪽 벽에 닿을 때까지 크기를 변경하면서 아래쪽으로 이동

'자동차' 오브젝트는 임의의 시간을 기다린 후 복제본을 만들어 아래쪽 벽에 닿을 때까지 크기를 변경하면서 아래쪽으로 이동

☑ 사용할 주요 블록

명령 블록	설명
자신▼ 의 복제본 만들기	자신의 복제본을 만듭니다.
크기를 10 만큼 바꾸기	오브젝트의 크기를 지정한 값만큼 바꿉니다.
0 부터 10 사이의 무작위 수	입력한 값의 사이에서 무작위 수를 선택합니다.

멀리서 다가오는 차선과 표지판 만들기

❶ [실습파일]-[07차시]에 있는 '자동차운전.ent'를 열고 '경계선' 오브젝트를 선택합니다. 이어서, 오브젝트를 숨기기 위해 [시작]의 ▶ 시작하기 버튼을 클릭했을 때 를 추가한 후 [생김새]의 모양 숨기기 를 연결합니다.

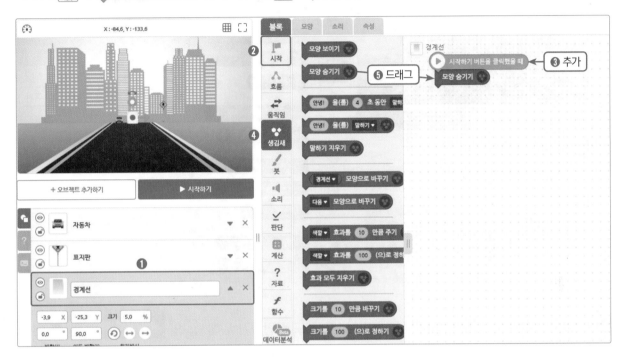

❷ 복제본을 반복해서 만들기 위해 [흐름]의 계속 반복하기 를 연결하고 자신▼ 의 복제본 만들기 와 2 초 기다리기 를 반복 블록 안에 연결한 후 초를 '0.3'으로 변경합니다.

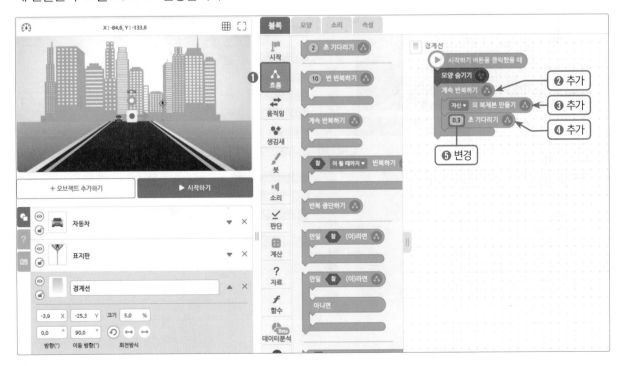

❸ 복제본이 생성되었을 때 숨겨진 오브젝트가 장면에 보이도록 하기 위해 호름 의 👤 복제본이 처음 생성되었을때 를 추가한 후 생김새 의 모양 보이기 를 연결합니다.

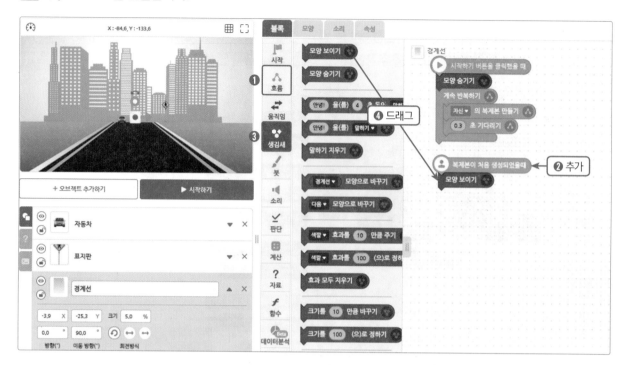

❹ 복제된 오브젝트가 아래쪽 벽에 닿을 때까지 반복하도록 만들기 위해 호름 의 참 이 될 때까지 ▼ 반복하기 를 연결하고 판단 의 마우스포인터 ▼ 에 닿았는가? 를 조건에 끼워 넣은 후 조건을 '아래쪽 벽'으로 변경합니다.

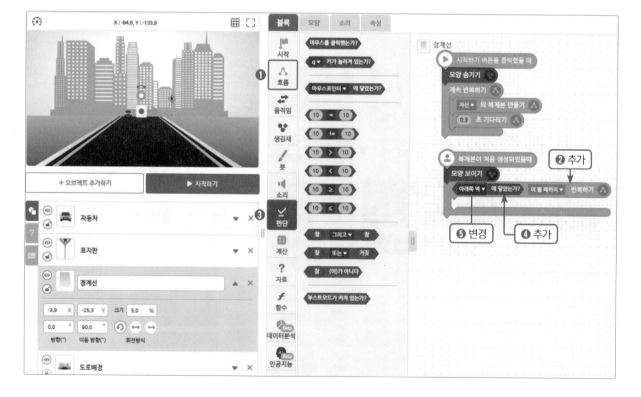

❺ 오브젝트가 아래쪽으로 이동하면서 크기가 점점 커지도록 만들기 위해 움직임의 「y 좌표를 10 만큼 바꾸기」를 반복 블록 안에 연결하고 값을 '−15'로 변경합니다. 이어서, 생김새의 「크기를 10 만큼 바꾸기」를 연결한 후 값을 '1.5'로 변경합니다.

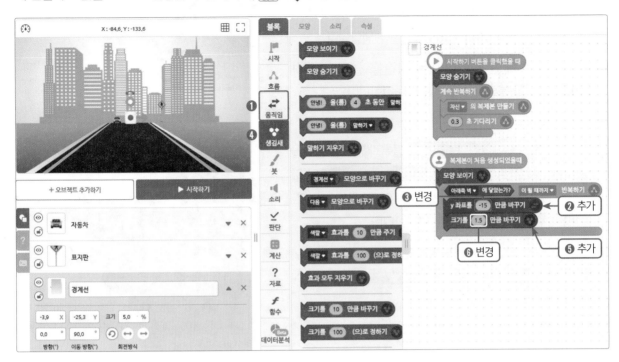

❻ 아래로 이동할 때 차선이 점선 형태로 보이고 반복이 끝나면 복제본을 삭제하기 위해 흐름의 「2 초 기다리기」를 반복 블록 안에 연결하고 값을 '0.15'로 변경한 후 반복 블록 아래에 「이 복제본 삭제하기」를 연결합니다.

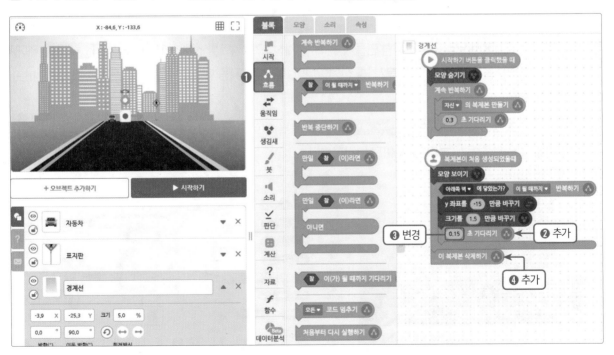

 '경계선'이 0.3초 단위로 복제본을 만들어 아래쪽으로 크기를 바꿔 이동하기 때문에 도로의 차선이 내차 쪽으로 다가와 차가 달리는 효과를 만들 수 있습니다.

❼ 표지판도 경계선처럼 아래쪽으로 이동하기 위해 ▶ 시작하기 버튼을 클릭했을 때 위에서 마우스 오른쪽 버튼을 클릭하여 [코드 복사]를 선택한 후 '표지판' 오브젝트를 선택하고 [마우스 오른쪽 버튼]-[붙여넣기]를 선택합니다.

❽ 표지판이 복제되어 나타나는 시간을 늘리기 위해 0.3 초 기다리기 블록의 초를 '3'으로 변경합니다.

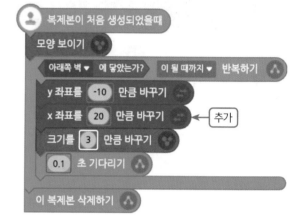

❾ 같은 방법으로 🔵 복제본이 처음 생성되었을때 블록과 연결된 블록을 '표지판' 오브젝트에 복사하고 y좌표를 -15 만큼 바꾸기 의 값을 '-10'으로, 크기를 1.5 만큼 바꾸기 의 값을 '3'으로, 0.15 초 기다리기 의 초를 '0.1'로 변경합니다.

❿ 도로를 따라서 표지판이 이동하도록 하기 위해 [움직임]의 x좌표를 10 만큼 바꾸기 를 y좌표를 -10 만큼 바꾸기 블록 아래에 연결하고 값을 '20'으로 변경합니다.

② 멀리서 달려오는 자동차 만들기

❶ 차가 임의의 위치에서 달려오는 것처럼 만들기 위해 '경계선' 오브젝트를 선택하고 ▶ 시작하기 버튼을 클릭했을 때 위에서 마우스 오른쪽 버튼을 클릭하여 [코드 복사]를 선택합니다. 이어서, '자동차' 오브젝트에서 [마우스 오른쪽 버튼]-[붙여넣기]를 선택합니다.

❷ 0.3 초 기다리기 블록을 드래그하여 자신▼ 의 복제본 만들기 블록 위로 이동하고 [계산]의 0 부터 10 사이의 무작위 수 를 초에 끼워 넣은 후 값을 '3'부터 '8' 사이로 변경합니다.

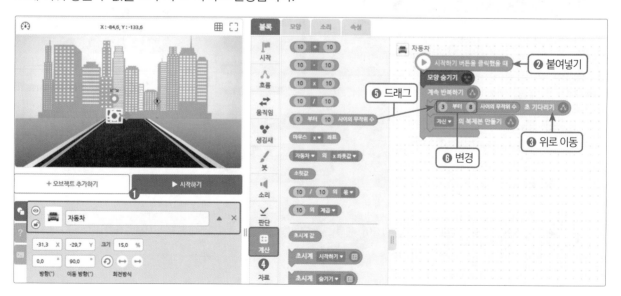

❸ 차가 임의의 위치에서 복제본이 만들어지도록 하기 위해 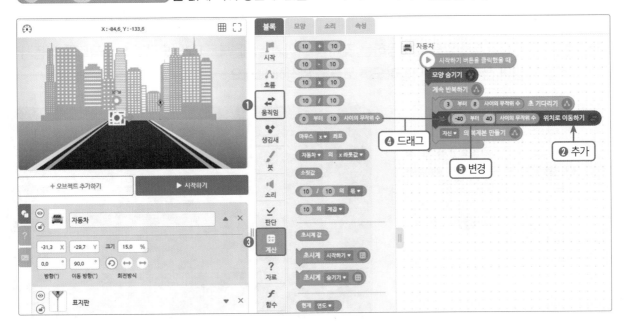의 `x: 10 위치로 이동하기`를 연결하고 `계산`의 `0 부터 10 사이의 무작위 수`를 값에 끼워 넣은 후 값을 '-40'부터 '40' 사이로 변경합니다.

❹ 같은 방법으로 '경계선' 오브젝트에서 `복제본이 처음 생성되었을때` 블록과 연결된 블록을 '자동차' 오브젝트에 복사하고 `y 좌표를 -15 만큼 바꾸기`의 값을 '-5'로, `크기를 1.5 만큼 바꾸기`의 값을 '4'로, `0.15 초 기다리기`의 초를 '0.1'로 변경합니다.

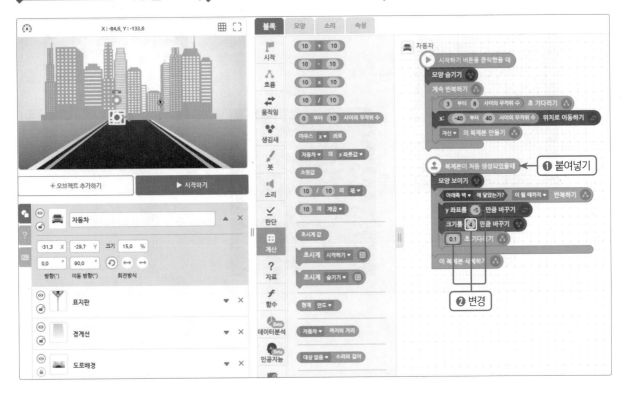

 자동차가 임의의 위치에서 임의의 시간에 나타나 아래쪽으로 이동하고 아래쪽 벽에 닿으면 복제본이 삭제됩니다.

혼자서 미션 해결하기

실습파일 : 카레이싱.ent　　　완성파일 : 카레이싱(완성).ent

01 경주자동차가 앞으로 이동하는 것처럼 보이기 위해 '도로1'과 '도로2' 오브젝트를 이동시켜 배경이 끊기지 않고 이동하도록 코드를 완성해 보세요.

'도로1'과 '도로2' 오브젝트

❶ 시작하기 버튼을 클릭했을 때 ➡ ❷ ❸~❽을 반복하기 ➡ ❸ y 좌표를 '-3'만큼 바꾸기 ➡ ❹ '0.01' 초 기다리기 ➡ ❺ 만일 ➡ ❻ 자신의 y 좌푯값이 ➡ ❼ '-270'보다 작거나 같으면 ➡ ❽ y를 '270' 위치로 이동하기

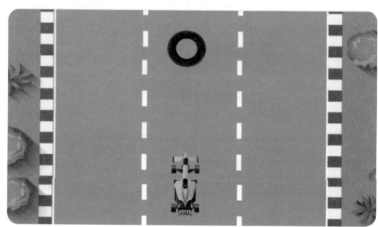

💡 힌트

배경 끊기지 않게 보이기

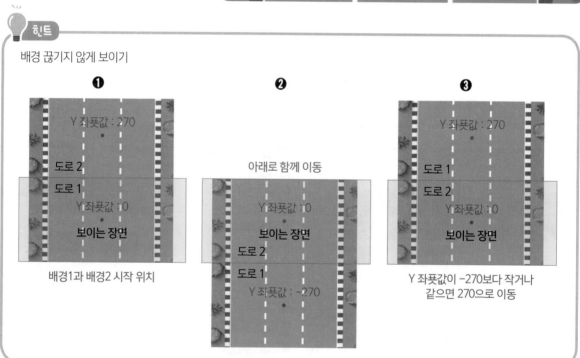

❶	❷	❸
배경1과 배경2 시작 위치	아래로 함께 이동	Y 좌푯값이 -270보다 작거나 같으면 270으로 이동

자동차 운전 게임 만들기

내가 운전하는 자동차가 달려오는 차를 피해 원하는 목적지까지 갈 수 있도록 게임을 만들어 보려고 해요. 내 자동차를 운전한 시간과 사고없이 피한 자동차의 수에 따라 점수가 추가되는 게임을 만들어 봐요.

학습 목표

▸ 효과음을 추가할 수 있습니다.
▸ 초시계를 이용해 시간에 따라 점수를 추가할 수 있습니다.
▸ 텍스트를 더해 말을 할 수 있습니다.

실습파일 : 자동차운전게임.ent   완성파일 : 자동차운전게임(완성).ent

미션 미리보기

좌-우 방향으로 내차를 움직여서 달려오는 자동차를 피해 점수를 획득하고 다른 자동차와 부딪히면 사고 소리를 내면서 점수와 초시계의 값을 더해 말을 할 수 있도록 코딩해 보세요.

✓ 사용할 주요 블록

명령 블록	설명
안녕! 을(를) 말하기 ▼	입력한 텍스트를 오브젝트가 말합니다.
초시계 시작하기 ▼	초시계를 시작하거나 정지합니다.
안녕! 과(와) 엔트리 를 합치기	입력한 두 값을 합친 값입니다.
소리 자동차 사고 ▼ 재생하기	선택한 소리를 재생합니다.

내차 운전하기

1️⃣ [실습파일]-[08차시]에 있는 '자동차운전게임.ent'를 열어서 좌-우 화살표 키를 누르면 내 차가 이동되도록 만들기 위해 '내차' 오브젝트를 선택합니다. 이어서, 시작의 q▼ 키를 눌렀을 때 를 추가하고 키를 '오른쪽 화살표'로 변경한 후 움직임의 x좌표를 10 만큼 바꾸기 를 아래쪽에 연결하여 값을 '20'으로 변경합니다.

2️⃣ q▼ 키를 눌렀을 때 위에서 마우스 오른쪽 버튼을 클릭하여 [코드 복사 & 붙여넣기]를 선택한 후 키를 '왼쪽 화살표', 값을 '-20'으로 변경합니다.

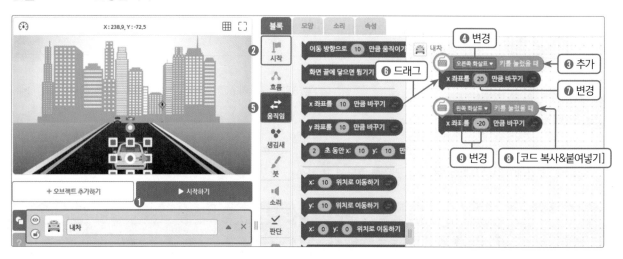

3️⃣ 시작하기 버튼을 클릭하면 초시계가 작동되도록 하기 위해 시작의 ▶ 시작하기 버튼을 클릭했을 때 를 추가하고 계산의 초시계 시작하기▼ 🎛 를 연결합니다.

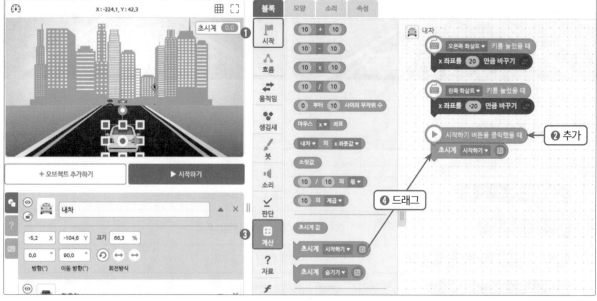

 시작하기 버튼을 클릭하면 초시계의 시간이 0부터 시작합니다.

④ 자동차가 도로의 오른쪽과 왼쪽 끝에 닿으면 반대로 튕겨 나오도록 만들기 위해 |흐름|의 [계속 반복하기 ∧]를 연결한 후 [만일 참 이라면 ∧]을 반복 블록 안에 연결합니다.

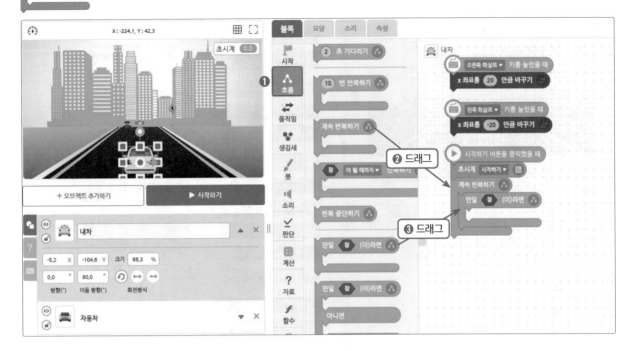

⑤ '내차' 오브젝트가 도로 오른쪽에 닿으면 튕겨 나오도록 하기 위해 |판단|의 [마우스포인터▼ 에 닿았는가?]를 조건에 끼워 넣고 대상을 '도로오른쪽'으로 변경합니다. 이어서, |움직임|의 [x좌표를 10 만큼 바꾸기]를 조건 블록 안에 연결하고 값을 '-20'으로 변경합니다.

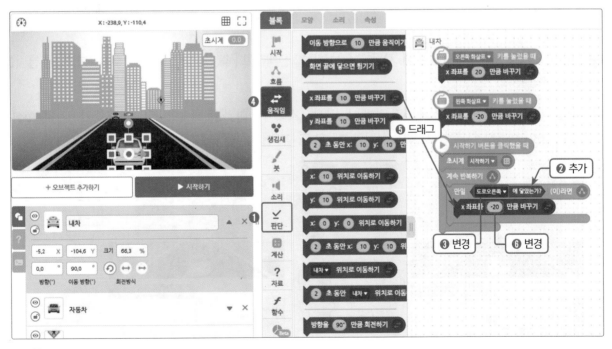

 오브젝트 목록을 살펴보면 장면의 녹색 잔디 그림이 '도로왼쪽'과 '도로오른쪽' 오브젝트로 추가되어 있습니다.

❻ '내차'가 왼쪽 도로에 닿으면 팅겨 나오도록 만들기 위해 조건 블록 위에서 마우스 오른쪽 버튼을 클릭하여 [코드 복사 & 붙여넣기]를 선택한 후 아래에 연결합니다. 복사된 블록의 조건을 '도로왼쪽', 값을 '20'으로 변경합니다.

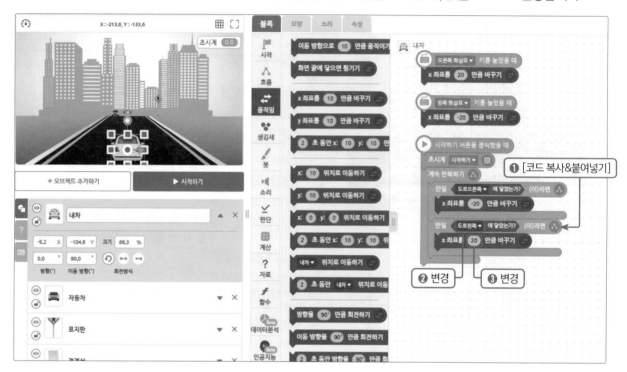

② 자동차와 충돌하면 소리를 내고 점수 말하기

❶ 점수를 기억할 변수를 만들기 위해 '자동차' 오브젝트를 선택하고 [속성] 탭-[변수]-[변수 추가하기]를 클릭한 후 '점수' 변수를 추가합니다.

❷ 자동차가 충돌하면 특정 소리를 내기 위해 [소리] 탭-[소리 추가하기]를 클릭합니다. [소리 추가하기] 대화상자가 나오면 [소리 선택]-[사물]-[자동차 사고]를 선택한 후 [추가] 버튼을 클릭합니다.

❸ '자동차' 오브젝트가 '내차'에 닿으면 소리를 내기 위해 [블록] 탭을 선택합니다. 의 을 반복 블록 안에 연결하고 의 를 조건에 끼워 넣은 후 대상을 '내차'로 변경합니다.

❹ 충돌과 동시에 소리를 재생하기 위해 의 를 조건 블록 안에 연결합니다.

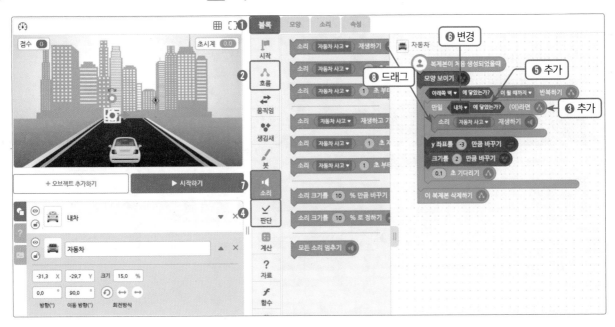

❺ 충돌하면 초시계를 멈추고 점수를 말하도록 만들기 위해 의 를 연결하여 '정지하기'로 변경한 후 의 를 연결합니다.

❻ 의 를 텍스트 입력란에 끼워 넣고 오른쪽 텍스트에 "점입니다."를 입력합니다.

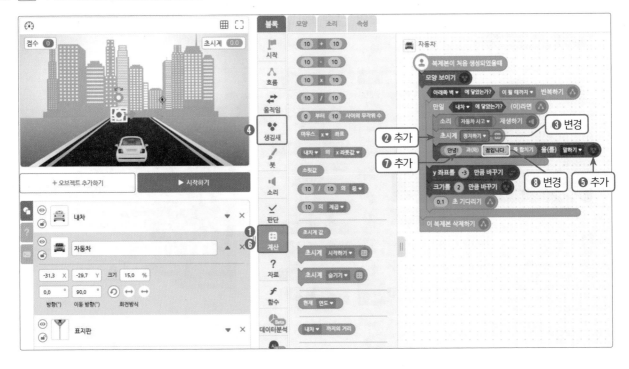

❼ 초시계 값과 '점수' 변수의 값을 더해 총점을 말하도록 만들기 위해 ▦의 (10 + 10)을 왼쪽 텍스트에 끼워 넣고 왼쪽에는 ▦의 (초시계 값)을, 오른쪽에는 ?의 (점수▼ 값)을 끼워 넣습니다.

❽ 점수 말하기가 끝나면 모든 코드를 멈추기 위해 △의 (모든▼ 코드 멈추기 △)를 연결합니다.

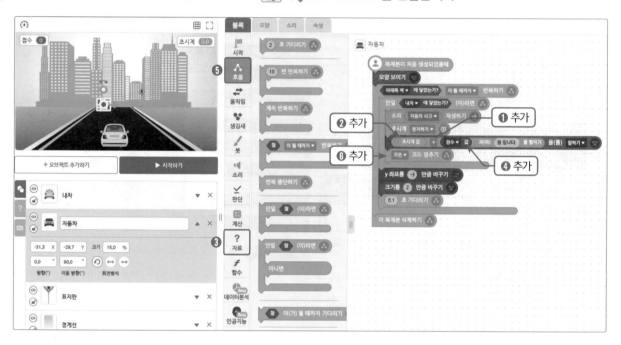

'자동차'와 '내차'가 충돌하면 '자동차 사고' 소리를 재생하고 초시계를 정지한 후 '초시계 값'과 '점수'를 더해 말합니다.

❾ '자동차' 오브젝트가 아래쪽 벽에 닿으면 점수를 10점씩 증가시키기 위해 반복 블록 아래쪽에 ?의 (점수▼ 에 10 만큼 더하기 ?)를 연결합니다.

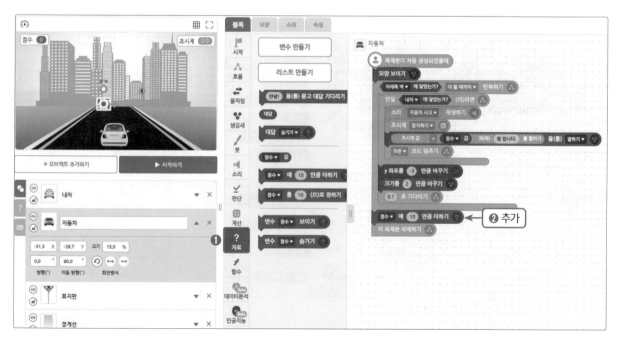

실습파일 : 카레이싱게임.ent　　완성파일 : 카레이싱게임(완성).ent

 01　'타이어' 오브젝트가 임의의 위치에서 복제본을 만들어 '경주자동차'나 '아래쪽 벽'에 닿으면 복제본을 삭제하고 y좌표를 '속도' 값만큼 아래로 움직이도록 코드를 완성해 보세요.

'타이어' 오브젝트

- ❶ 시작하기 버튼을 클릭했을 때 ➡ ❷ ❸~❺를 계속 반복하기 ➡ ❸ '1'부터 '3' 사이의 무작위 수 ➡ ❹ 초를 기다리기 ➡ ❺ '자신'의 복제본 만들기
- ❶ 복제본이 처음 생성되었을 때 ➡ ❷ '-160'부터 '160' 사이의 무작위수로 ➡ ❸ x 위치 이동하기 ➡ ❹ 모양 보이기 ➡ ❺ ❻~❻를 계속 반복하기 ➡ ❻ 만일 ➡ ❼ '경주자동차'에 닿았다면 ➡ ❽ 이 복제본 삭제하기 ➡ ❾ 만일 ➡ ❿ '아래쪽 벽'에 닿았다면 ➡ ⓫ 이 복제본 삭제하기 ➡ ⓬ '-1' 곱하기 ➡ ⓭ '속도' 값 ➡ ⓮ 만큼 y 좌표를 바꾸기 ➡ ⓯ '0.01'초 기다리기

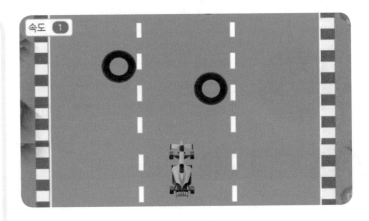

속도 1

힌트

예제 파일에는 기본값이 '1'인 '속도' 변수가 추가되어 있습니다.

 02　'경주자동차' 오브젝트가 왼쪽-오른쪽 화살표 키를 누르면 좌-우로 이동하고 '타이어'에 닿으면 '속도' 값을 말하고 모든 코드를 멈추도록 코드를 완성해 보세요.

'경주자동차' 오브젝트

- ❶ '오른쪽 화살표' 키를 눌렀을 때 ➡ ❷ x좌표를 '20' 만큼 바꾸기 ➡ ❸ 만일 ➡ ❹ '오른쪽벽'에 닿았다면 ➡ ❺ x좌표를 '-40' 만큼 바꾸기
- ❶ '왼쪽 화살표' 키를 눌렀을 때 ➡ ❷ x좌표를 '-20' 만큼 바꾸기 ➡ ❸ 만일 ➡ ❹ '왼쪽벽'에 닿았다면 ➡ ❺ x좌표를 '40' 만큼 바꾸기
- ❶ 시작하기 버튼을 클릭했을 때 ➡ ❷ ❸~❽을 계속 반복하기 ➡ ❸ 만일 ➡ ❹ '타이어'에 닿았다면 ➡ ❺ "당신의 레벨은"과 ❻ 합치기 ➡ ❻ '속도' 값을 ➡ ❼ 말하기 ➡ ❽ '모든' 코드 멈추기

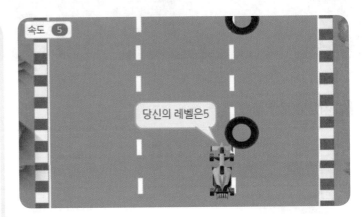

속도 5

당신의 레벨은5

힌트

예제 파일에는 '도로1'과 '도로2' 오브젝트에 '속도' 값만큼 이동하는 코드와 한번 아래로 이동할 때마다 '속도'를 '1'씩 증가시키는 코드가 추가되어 있습니다.

게임 캐릭터 선택하기

내가 원하는 캐릭터를 선택해 게임을 하면 게임이 더 재미있겠죠? 여러 개의 캐릭터 중에서 자신이 선택한 캐릭터로 게임이 진행되도록 만들어 봐요.

학습목표
- ▸ 여러 개의 캐릭터 중 하나를 선택할 수 있습니다.
- ▸ 선택한 캐릭터로 게임을 진행할 수 있습니다.
- ▸ 오브젝트 크기를 변경해 효과를 줄 수 있습니다.

실습파일 : 캐릭터 선택하기.ent   완성파일 : 캐릭터 선택하기(완성).ent

미션 미리보기

캐릭터를 선택하면 소리가 나면서 선택되었다고 크기가 변하고 다음 장면으로 이동을 합니다. 장면이 바뀌면 선택한 캐릭터가 나와 말을 하고 게임 시작을 준비하기 위해 크기가 줄어들도록 코드를 완성해 보세요.

게임을 시작할 캐릭터를 클릭하면
소리가 나면서 다른 장면으로 이동

캐릭터를 선택 하세요.

장면이 바뀌면서 선택한 캐릭터가 말을 하고 크기가 작아짐

게임을 시작해볼까?

✅ 사용할 주요 블록

명령 블록	설명
장면 1 ▾ 시작하기	선택한 장면을 시작합니다.
장면이 시작되었을때	장면이 시작되면 연결된 블록을 실행합니다.
캐릭터 순서 ▾ 를 10 (으)로 정하기	선택한 변수의 값을 입력한 값으로 정합니다.

캐릭터를 선택하는 장면 만들기

❶ [실습파일]–[09차시]에 있는 '캐릭터 선택하기.ent'를 열고 선택한 캐릭터 값을 저장할 변수를 만들기 위해 [속성] 탭–[변수]–[변수 추가하기]를 클릭한 후 '캐릭터 순서'를 입력하고 [확인]을 클릭합니다. 변수가 만들어지면 를 클릭해 장면에서 보이지 않게 합니다.

❷ 각각의 캐릭터를 선택했을 때 소리를 내기 위해 '캐릭터1' 오브젝트를 선택하고 [소리] 탭–[소리 추가하기]를 클릭합니다. [소리 추가하기] 대화상자가 나오면 [소리 선택]–[판타지]에서 '전자신호음3'을 선택한 후 [추가] 버튼을 클릭합니다.

❸ 같은 방법으로 '캐릭터2'에는 '로보트2' 소리를, '캐릭터3'에는 '로보트' 소리를 각각 추가합니다.

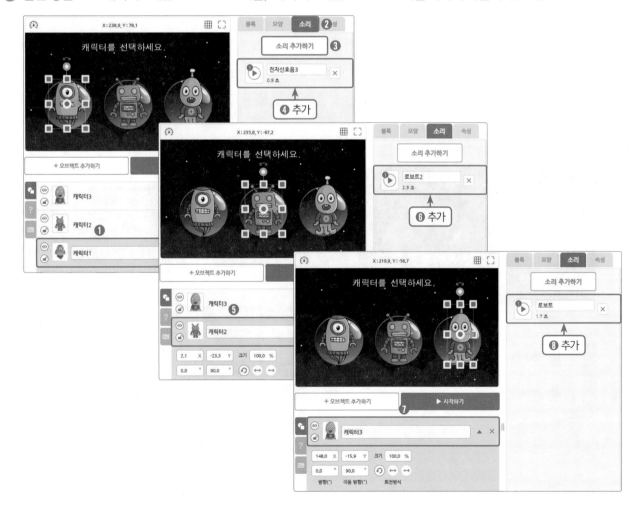

❹ 캐릭터를 선택하면 '캐릭터 순서' 변수에 기억시키기 위해 [블록] 탭을 선택하고 '캐릭터1' 오브젝트를 선택합니다. 이어서, ▶의 [오브젝트를 클릭했을 때]를 추가하고 ?의 [캐릭터 순서 ▾ 를 10 (으)로 정하기 ?]를 연결한 후 값을 '1'로 변경합니다.

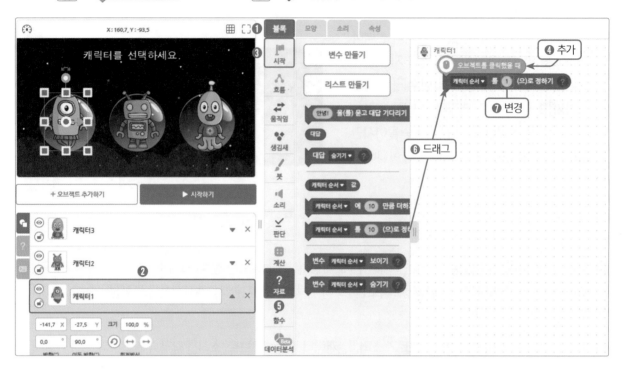

❺ 캐릭터를 클릭하면 클릭한 것을 확인하는 움직임을 만들기 위해 [생김새]의 [크기를 10 만큼 바꾸기]를 2개 연결하고 위쪽 블록의 값은 '10', 아래쪽 블록의 값은 '–10'으로 변경합니다.

❻ 크기가 바뀌는 것을 눈으로 확인할 수 있도록 [흐름]의 [2 초 기다리기]를 두 블록 사이에 연결한 후 초를 '0.5'로 변경합니다.

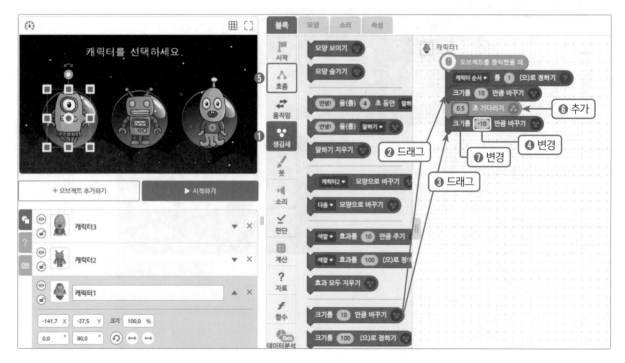

❼ 클릭했을 때 소리를 내기 위해 [소리]의 ⟨소리 전자신호음3 ▾ 재생하기⟩를 연결하고 [흐름]의 ⟨2 초 기다리기⟩를 연결합니다.

❽ 게임 장면을 시작하기 위해 [시작]의 ⟨캐릭터 선택 ▾ 시작하기⟩를 연결한 후 '게임'으로 변경합니다.

❾ ⟨오브젝트를 클릭했을 때⟩ 위에서 마우스 오른쪽 버튼을 클릭하여 [코드 복사]를 선택한 후 '캐릭터2' 오브젝트를 선택하고 [마우스 오른쪽 버튼]–[붙여 넣기]를 선택합니다. 이어서, '캐릭터 순서' 값을 '2', 소리를 '로보트2'로 변경합니다.

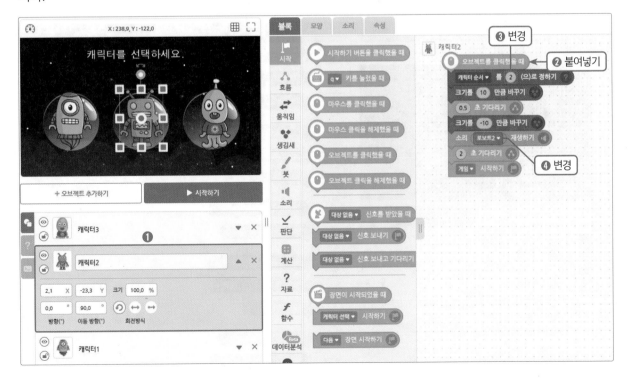

⓾ 같은 방법으로 '캐릭터3' 오브젝트에 코드를 복사하고 '캐릭터 순서' 값을 '3', 소리를 '로보트'로 변경합니다.

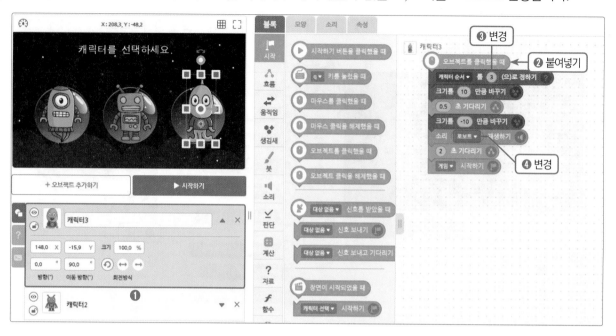

2 선택한 캐릭터로 게임하기

❶ [게임] 장면이 시작되면 선택한 캐릭터만 남기고 다른 캐릭터는 모두 숨기기 위해 [게임] 장면을 클릭한 후 '캐릭터 4'를 선택합니다. 이어서, 의 장면이 시작되었을때 를 추가하고 의 모양 숨기기 를 연결합니다.

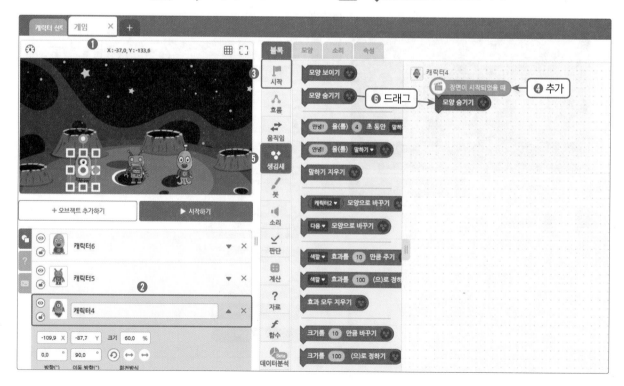

❷ 여러 개의 캐릭터 중 선택한 캐릭터의 값이 맞다면 장면에 표시하기 위해 [흐름]의 [만일 참 이라면]을 연결하고 [판단]의 [10 = 10]을 조건에 끼워 넣은 후 오른쪽 값을 '1'로 변경합니다.

❸ [자료]의 [캐릭터 순서 ▼ 값]을 왼쪽에 끼워 넣은 후 [생김새]의 [모양 보이기]를 조건 블록 안에 연결합니다.

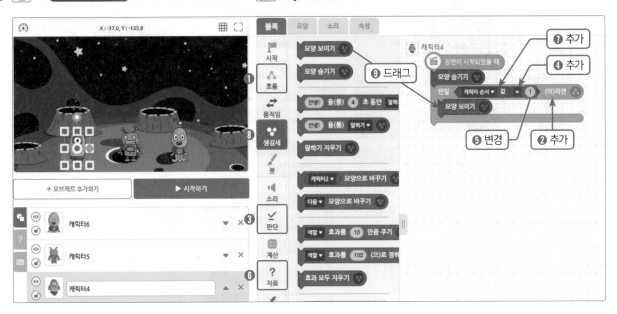

❹ 선택된 캐릭터가 장면 앞으로 이동해 크기를 확대하고 말을 하도록 만들기 위해 [움직임]의 [x: 0 y: 0 위치로 이동하기]를 연결한 후 y좌표를 '–80'으로 변경합니다. 이어서, [생김새]의 [크기를 10 만큼 바꾸기]를 연결하고 값을 '200'으로 변경합니다.

❺ [안녕! 을(를) 4 초 동안 말하기 ▼]를 연결하고 텍스트를 "게임을 시작해볼까?"로 입력한 후 초를 '3'으로 변경합니다.

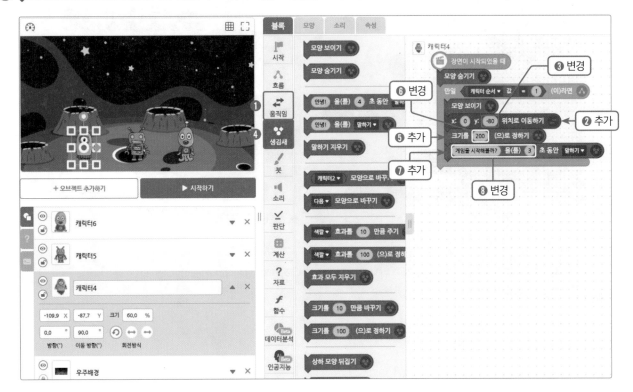

❻ 오브젝트의 크기를 점점 작게 줄이기 위해 🔼의 ⬛을 연결하고 횟수를 '15'로 변경한 후 💢의 크기를 10 만큼 바꾸기 💢를 반복 블록 안에 연결하고 값을 '-10'으로 변경합니다.

❼ 코드 전체를 복사하여 '캐릭터5'와 '캐릭터6'에 붙여 넣은 후 조건 블록의 값을 각각 '2'와 '3'으로 변경합니다.

▲ '캐릭터5' 오브젝트   ▲ '캐릭터6' 오브젝트

 캐릭터를 선택하는 게임을 실행하기 위해서는 [캐릭터 선택] 장면에서 <시작하기>를 클릭합니다.

혼자서 **미션**해결하기

실습파일 : 갤럭시골드.ent   완성파일 : 갤럭시골드(완성).ent

01 캐릭터를 선택하면 선택 효과를 보여주고 '게임화면' 장면에서 해당 캐릭터가 게임이 시작됨을 알리는 효과를 보여주는 코드를 완성해 보세요.

변수 만들기

• **변수 이름** : '캐릭터 선택'(변수 숨기기 지정)

'캐릭터' 장면

• **'로봇캐릭터1' 오브젝트**

❶ 오브젝트를 클릭했을 때 ➡ ❷ '캐릭터선택'을 '1'로 정하기 ➡ ❸ 소리 '전자신호음1' 재생하기 ➡ ❹ '밝기' 효과를 '50'만큼 주기 ➡ ❺ '0.5'초 기다리기 ➡ ❻ '밝기' 효과를 '-50'만큼 주기 ➡ ❼ '2'초 기다리기 ➡ ❽ '게임화면' 시작하기

• **'로봇캐릭터2' 오브젝트**

'캐릭터선택'을 '2'로 정하기
(나머지 블록은 동일)

• **'로봇캐릭터3' 오브젝트**

'캐릭터선택'을 '3'으로 정하기
(나머지 블록은 동일)

'게임화면' 장면

• **'로봇캐릭터4' 오브젝트**

❶ 장면이 시작되었을 때 ➡ ❷ 모양 숨기기 ➡ ❸ 만일 ➡ ❹ '캐릭터선택' 값이 ➡ ❺ '1'과 같다면 ➡ ❻ x는 '0', y는 '-65' 위치로 이동하기 ➡ ❼ '1'초 기다리기 ➡ ❽ 모양 보이기 ➡ ❾ ❿~⓫을 '10'번 반복하기 ➡ ❿ 크기를 '10'만큼 바꾸기 ➡ ⓫ '0.01'초 기다리기 ➡ ⓬ ⓭~⓮를 '10'번 반복하기 ➡ ⓭ 크기를 '-10'만큼 바꾸기 ➡ ⓮ '0.01'초 기다리기 ➡ ⓯ "게임 스타트~!"를 '2'초 동안 말하기

• **'로봇캐릭터5' 오브젝트**

만일 '캐릭터선택' 값이 '2'와 같다면
(나머지 블록은 동일)

• **'로봇캐릭터6' 오브젝트**

만일 '캐릭터선택' 값이 '3'과 같다면
(나머지 블록은 동일)

▲ '캐릭터' 장면

게임 스타트~!

▲ '게임화면' 장면

 힌트

예제 파일의 '로봇캐릭터1', '로봇캐릭터2', '로봇캐릭터3' 오브젝트에는 '전자신호음1' 소리가 미리 추가되어 있습니다.

행성 피하기 게임 만들기

10

우주여행을 하던 주인공 캐릭터가 행성들이 떨어지는 곳을 지나게 되었어요. 행성을 피하는 게임을 만들고 게임이 끝나면 실제 게임처럼 종료 글자가 멋지게 날아오도록 만들어 보세요.

학습목표

▸ 임의의 곳에서 오브젝트가 떨어지도록 만들 수 있습니다.

▸ 선택한 캐릭터만 게임을 하게 만들 수 있습니다.

▸ 게임 종료 애니메이션을 만들 수 있습니다.

실습파일 : 행성피하기.ent   **완성파일** : 행성피하기(완성).ent

미션 미리보기

임의의 위치에서 행성이 아래로 떨어지고 피하는 행성의 수만큼 점수를 얻는 게임입니다. 행성과 부딪히면 텍스트가 애니메이션처럼 나타나는 코드를 만들어 보세요.

'행성' 복제본을 만들어 임의의 위치에서 아래로 떨어지고 행성을 피할 때마다 '1'점씩 점수가 높아짐

행성과 부딪히면 텍스트가 회전하면서 커지는 애니메이션 만들기

✅ 사용할 주요 블록

명령 블록	설명
모든 ▾ 코드 멈추기	선택한 코드를 멈춥니다.
방향을 90° 만큼 회전하기	오브젝트의 방향을 입력한 각도만큼 회전합니다.
참 또는 ▾ 거짓	두 조건 중 하나만 참이면 '참' 값입니다.

떨어지는 행성 피하기

❶ [실습파일]–[10차시]에 있는 '행성피하기.ent'를 열고 '게임' 장면을 선택합니다. 이어서, 게임 점수를 기억할 변수를 만들기 위해 [속성] 탭–[변수]–[변수 추가하기]를 선택하고 '점수'를 입력한 후 [확인]을 클릭합니다.

❷ 게임이 끝나면 보낼 신호를 만들기 위해 [속성] 탭–[신호]–[신호 추가하기]를 선택하고 '게임 끝'을 입력한 후 [확인]을 클릭합니다.

예제 파일의 '캐릭터4', '캐릭터5', '캐릭터6' 오브젝트에는 왼쪽과 오른쪽 화살표 키를 누르면 이동하는 코드가 미리 작성되어 있습니다.

❸ '게임' 장면이 시작되면 일정 시간마다 오브젝트를 복제하기 위해 [블록] 탭을 선택하고 '행성' 오브젝트를 선택합니다. 이어서, ▶의 〔장면이 시작되었을때〕를 추가하고 △의 〔2 초 기다리기〕를 연결한 후 초를 '5'로 변경합니다.

❹ 〔계속 반복하기〕를 연결하고 〔자신▼ 의 복제본 만들기〕를 반복 블록 안에 연결한 후 〔2 초 기다리기〕를 연결하여 초를 '0.5'로 변경합니다.

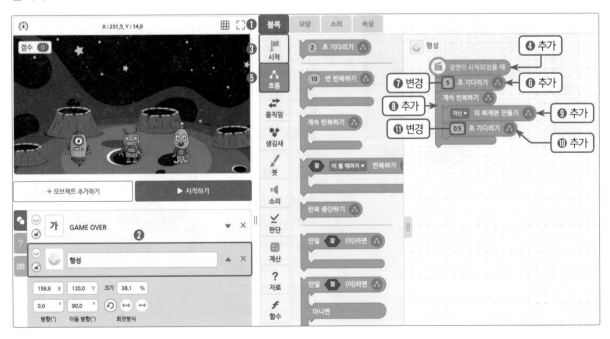

❺ 복제본이 생성되었을 때 임의의 위치로 이동해 장면에 보이도록 하기 위해 흐름의 복제본이 처음 생성되었을때 를 추가하고 움직임의 x: 0 y: 0 위치로 이동하기 를 연결한 후 y좌표를 '120'으로 입력합니다.

❻ 계산의 0 부터 10 사이의 무작위 수 를 x좌표에 끼워 넣고 '-180'부터 '180' 사이로 변경한 후 생김새의 모양 보이기 를 연결합니다.

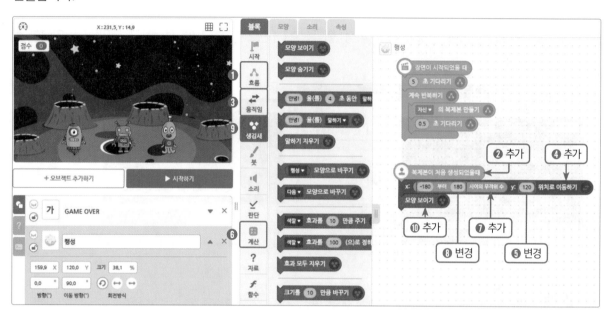

 오브젝트 목록에서 '행성' 오브젝트를 확인해보면 숨기기가 되어 있습니다.

❼ 행성을 아래로 이동시키기 위해 흐름의 계속 반복하기 를 연결하고 움직임의 y좌표를 10 만큼 바꾸기 를 반복 블록 안에 연결한 후 y좌표를 '-10'으로 변경합니다. 이어서, 흐름의 2 초 기다리기 를 연결하고 초를 '0.05'로 변경합니다.

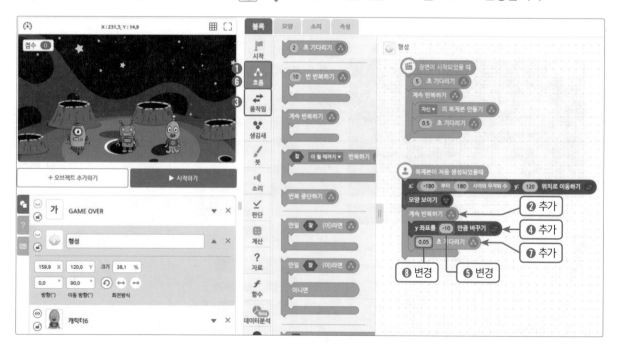

❽ 행성이 아래쪽 벽에 닿으면 점수에 1을 더하기 위해 [만일 참 이라면] 을 연결하고 [판단]의 〈마우스포인터▼ 에 닿았는가?〉를 조건에 끼워 넣은 후 대상을 '아래쪽 벽'으로 선택합니다.

❾ [?자료]의 [점수▼ 에 10 만큼 더하기 ?] 를 조건 블록 안에 연결하고 변수를 '점수', 값을 '1'로 변경한 후 [흐름]의 [이 복제본 삭제하기 ∧] 를 연결합니다.

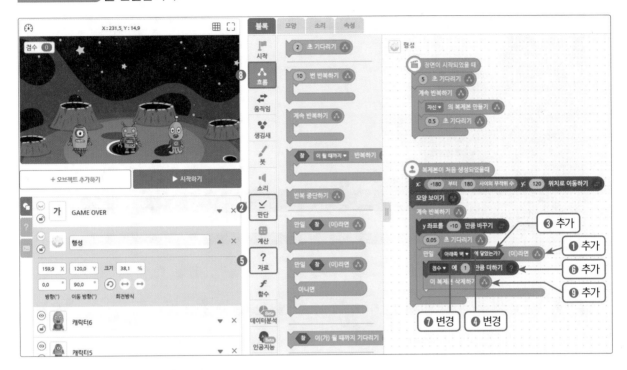

❿ 행성이 선택한 캐릭터에 닿았을 때 특정 조건을 지정하기 위해 [만일 참 이라면] 을 연결하고 [판단]의 〈참 또는▼ 거짓〉 2개를 조건에 연결하여 끼워 넣습니다.

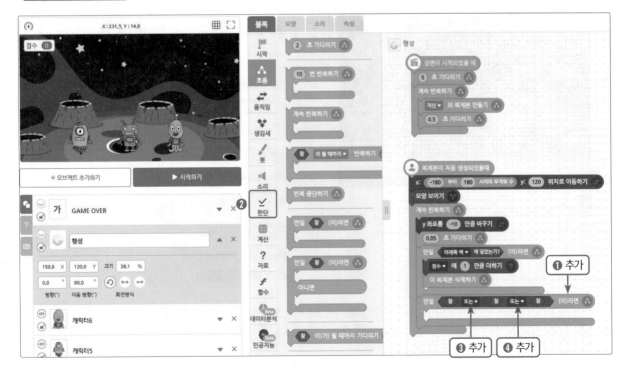

⑪ 3개의 캐릭터 중 1개라도 행성에 닿으면 신호를 보내기 위해 의 〈 마우스포인터▼ 에 닿았는가? 〉 블록을 3개의 조건에 각각 끼워 넣은 후 '캐릭터4', '캐릭터5', '캐릭터6'으로 변경합니다. 이어서, 의 〈 게임 끝 ▼ 신호 보내기 🏳 〉를 조건 블록 안에 연결합니다.

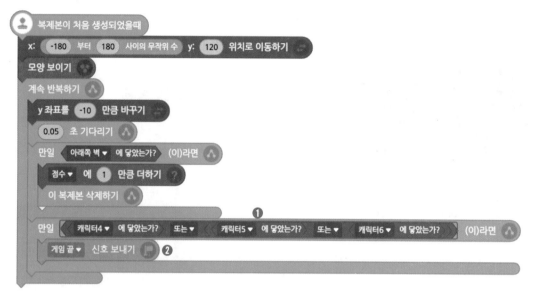

💡 조건 블록에서 '또는'은 세 가지 조건 중 하나라도 맞으면 조건 블록 안의 블록이 실행됩니다.

⑫ 행성과 캐릭터가 닿아 게임이 끝나면 게임을 멈추기 위해 🏳의 〈 게임 끝 ▼ 신호를 받았을 때 〉를 추가하고 🔼의 〈 모든 복제본 삭제하기 ∧ 〉와 〈 모든 ▼ 코드 멈추기 ∧ 〉를 연결한 후 코드를 '자신의'로 변경합니다.

💡 코드 멈추기를 '자신의'로 변경하면 해당 오브젝트의 모든 블록 실행이 멈춥니다.

② 게임 종료 글자 애니메이션 만들기

 게임이 끝나면 텍스트를 표시하기 위해 'GAME OVER' 오브젝트를 선택하고 [시작]의 (게임 끝▼ 신호를 받았을 때)를 추가합니다. 이어서, [생김새]의 (모양 보이기)와 (크기를 100 (으)로 정하기)를 연결한 후 크기 값을 '0'으로 변경합니다.

오브젝트 목록에서 'GAME OVER' 오브젝트를 확인해보면 숨기기가 지정되어 있습니다.

 글자가 회전하면서 커지도록 만들기 위해 [흐름]의 (10 번 반복하기)를 연결하고 횟수를 '24'로 변경한 후 [생김새]의 (크기를 10 만큼 바꾸기)를 반복 블록 안에 연결하고 값을 '5'로 변경합니다.

③ [움직임]의 (방향을 90° 만큼 회전하기)를 연결하고 각도를 '45'로 변경한 후 [흐름]의 (2 초 기다리기)를 연결하여 초를 '0.01'로 변경합니다.

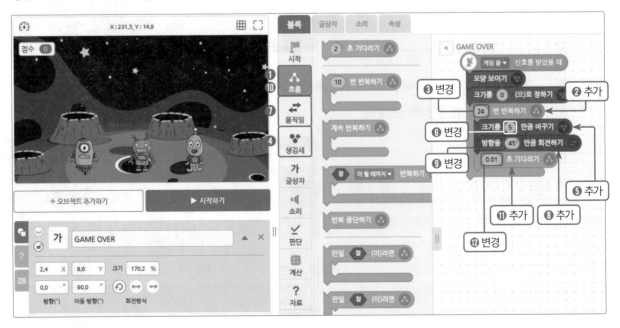

혼자서 **미션** 해결하기

실습파일 : 황금동전먹기.ent   완성파일 : 황금동전먹기(완성).ent

01 '게임화면' 탭에서 동전이 임의의 위치에서 떨어지고 선택한 로봇 캐릭터에 닿으면 점수가 증가하고 아래쪽 벽에 닿으면 점수가 감소하여 점수가 0 보다 작으면 게임이 종료되도록 코드를 완성해 보세요.

변수와 신호 만들기 · 변수 이름 : '점수' · 신호 이름 : '게임종료'

'금화' 오브젝트

- ❶ 장면이 시작되었을 때 ➔ ❷ '5'초 기다리기 ➔ ❸ ❹~❺를 계속 반복하기 ➔ ❹ '자신'의 복제본 만들기 ➔ ❺ '1'초 기다리기

- ❶ 복제본이 처음 생성되었을 때 ➔ ❷ x는 '-200'부터 '200' 사이의 무작위수로 y는 '110' 위치로 이동하기 ➔ ❹ 모양 보이기 ➔ ❺ ❻~❷❹를 계속 반복하기 ➔ ❻ y좌표를 '-10' 만큼 바꾸기 ➔ ❼ '0.05'초 기다리기 ➔ ❽ 만일 ➔ ❾ '로봇캐릭터4'에 닿는가? ➔ ❿ 또는 ➔ ⓫ '로봇캐릭터5'에 닿았는가? ➔ ⓬ 또는 ➔ ⓭ '로봇캐릭터6'에 닿았는가? 라면 ⓮~⓯ 실행하기 ➔ ⓮ '점수'에 '1'만큼 더하기 ➔ ⓯ 이 복제본 삭제하기 ➔ ⓰ 만일 ➔ ⓱ '아래쪽 벽'에 닿았는가? 라면 ⓲~⓳ 실행하기 ➔ ⓲ '점수'에 '-2'만큼 더하기 ➔ ⓳ 이 복제본 삭제하기 ➔ ⓴ 만일 ➔ ㉑ '점수' 값이 ➔ ㉒ 0보다 작다면 ㉓~㉔ 실행하기 ➔ ㉓ '게임종료' 신호 보내기 ➔ ㉔ 이 복제본 삭제하기

- ❶ '게임종료' 신호를 받았을 때 ➔ ❷ 모든 복제본 삭제하기 ➔ ❸ '자신의' 코드 멈추기

힌트

예제 파일의 '로봇캐릭터4', '로봇캐릭터5', '로봇캐릭터6' 오브젝트에는 왼쪽과 오른쪽 화살표 키를 누르면 이동하는 코드가 미리 작성되어 있습니다.

02 게임이 종료되면 장면에 텍스트가 나타나고 지정한 위치로 이동하도록 'GAME OVER' 오브젝트에 코드를 완성해 보세요.

'GAME OVER' 오브젝트

❶ '게임종료' 신호를 받았을 때 ➔ ❷ 모양 보이기 ➔ ❸ y: '160' 위치로 이동하기 ➔ ❹ '1'초 동안 x: '0', y: '0' 위치로 이동하기

바운스 볼 만들기

11

공이 팅기면서 바닥으로 떨어지지 않고 징검다리를 건너는 게임을 만들어 보려고 합니다. 바운스 볼 게임은 공이 자연스럽게 팅기도록 만들어야 하고 벽돌을 벗어나면 아래로 떨어져야 합니다.

 학습 목표

▸ 자연스럽게 공이 팅기는 모양을 만들 수 있습니다.

▸ 좌우로 자연스럽게 움직이는 동작을 만들 수 있습니다.

▸ 벽에 부딪히면 팅기도록 만들 수 있습니다.

실습파일: 바운스볼.ent　　**완성파일**: 바운스볼(완성).ent

미션 미리보기

볼이 자연스럽게 팅기면서 화살표 키를 누르면 해당 방향으로 이동합니다. 점프를 하면서 벽돌에 닿지 않으면 아래로 떨어지는 바운스볼 게임을 만들어 보세요.

벽돌 위에서는 자연스럽게 볼이 바운스되기

벽돌과 볼이 닿지 않으면 아래로 떨어지기

✅ 사용할 주요 블록

명령 블록	설명
x 좌표를 10 만큼 바꾸기	x 좌표를 입력한 값만큼 바꿉니다.
y 좌표를 10 만큼 바꾸기	y 좌표를 입력한 값만큼 바꿉니다.
Y값 ▾ 에 10 만큼 더하기	선택한 변수에 입력한 값을 더합니다.
Y값 ▾ 를 10 (으)로 정하기	선택한 변수의 값을 입력한 값으로 정합니다.

❶ [실습파일]-[11차시]에 있는 '바운스볼.ent'를 열고 좌푯값을 저장할 변수를 만들기 위해 [속성] 탭-[변수]-[변수 추가하기]를 클릭해 'X값'과 'Y값' 변수를 각각 만든 후 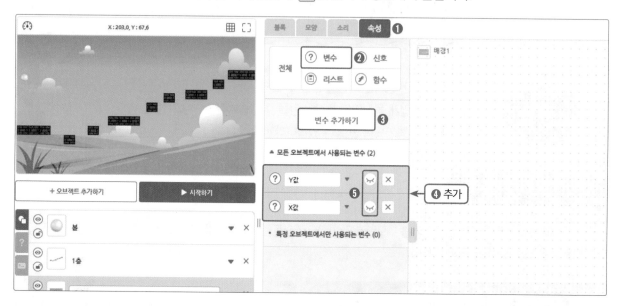를 클릭해 장면에서 숨깁니다.

❷ 볼을 계속 팅기도록 만들기 위해 [블록] 탭을 선택하고 '볼' 오브젝트를 선택한 후 ⬜의 ⬤ 시작하기 버튼을 클릭했을 때와 ⬜의 ⬜ 를 연결합니다.

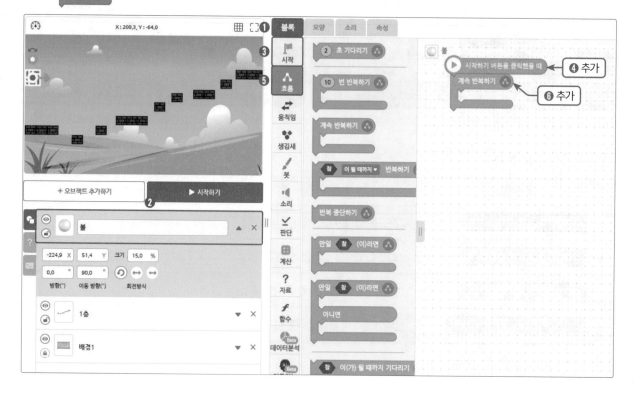

③ 볼의 위치를 변수 값만큼 바꾸기 위해 의 x좌표를 10 만큼 바꾸기 와 y좌표를 10 만큼 바꾸기 를 반복 블록 안에 연결하고 ?의 Y값 ▼ 값 을 값에 각각 끼워 넣은 후 'X값'과 'Y값'으로 변경합니다.

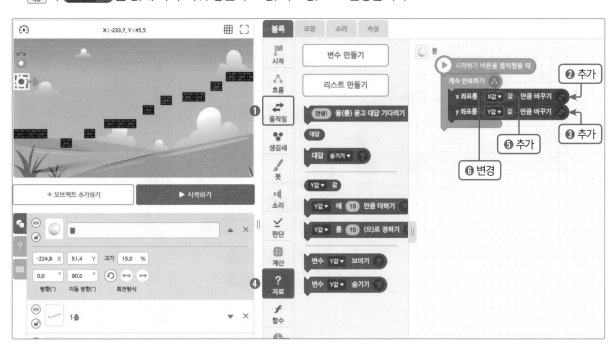

변수의 값이 처음에는 '0'이므로 볼이 움직이지 않지만 아래 조건문에 따라 값이 정해져 움직이게 됩니다.

④ '1층' 오브젝트 즉 벽돌에 닿았는지에 따라 볼이 다르게 움직이도록 만들기 위해 의 을 연결하고 의 마우스포인터 ▼ 에 닿았는가? 를 조건에 끼워 넣은 후 대상을 '1층'으로 변경합니다.

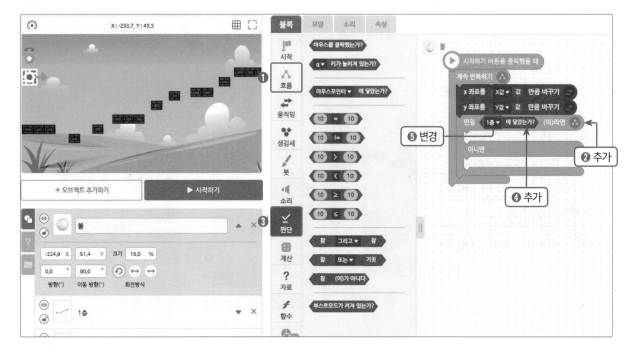

❺ 볼이 자연스럽게 튕기는 것처럼 만들기 위해 참 조건에는 [?]의 (Y값▼ 를 10 (으)로 정하기)를 연결하고 변수를 'y값', 값을 '5'로 변경한 후 거짓 조건에는 [?]의 (Y값▼ 에 10 만큼 더하기)를 연결하고 변수를 'y값', 값을 '-0.2'로 변경합니다.

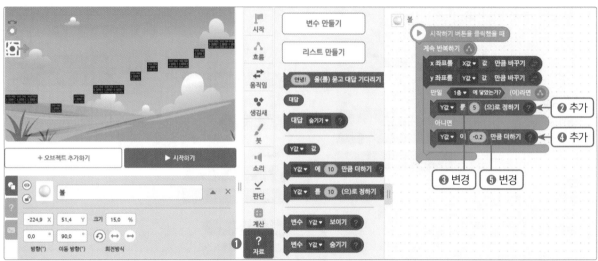

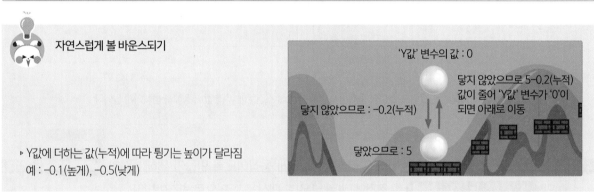

자연스럽게 볼 바운스되기

▸ Y값에 더하는 값(누적)에 따라 튕기는 높이가 달라짐
예: -0.1(높게), -0.5(낮게)

'Y값' 변수의 값 : 0

닿지 않았으므로 5-0.2(누적) 값이 줄어 'Y값' 변수가 '0'이 되면 아래로 이동

닿지 않았으므로 : -0.2(누적)

닿았으므로 : 5

❻ 오른쪽 벽에 닿으면 뒤로 이동하기 위해 [흐름]의 (만일 참 이라면)을 연결하고 [판단]의 (마우스포인터▼ 에 닿았는가?)를 조건에 연결한 후 대상을 '오른쪽 벽'으로 변경합니다.

❼ [?]의 (Y값▼ 를 10 (으)로 정하기)를 조건 블록에 연결하고 변수를 'X값', 값을 '-3'으로 변경합니다.

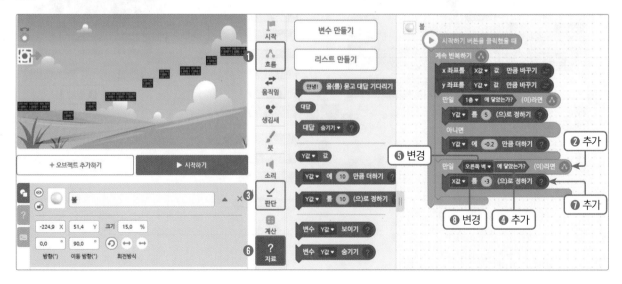

❽ 왼쪽 벽에 닿으면 뒤로 이동하기 위해 조건 블록 위에서 마우스 오른쪽 버튼을 클릭하여 [코드 복사 & 붙여넣기]를 선택하고 아래에 연결한 후 대상을 '왼쪽 벽', 값을 '3'으로 변경합니다.

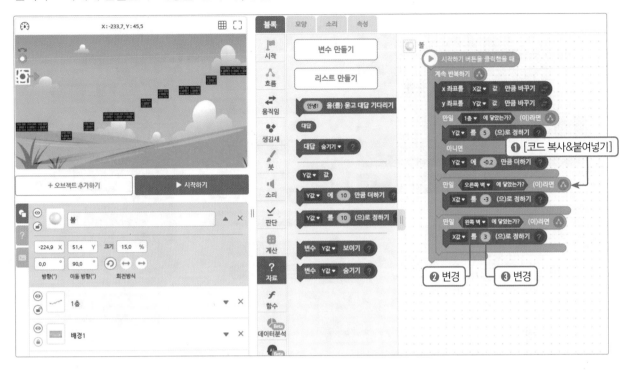

❾ 화살표 키를 누르면 해당 방향으로 이동하도록 만들기 위해 [호름]의 ┌만일 참 이라면┐을 연결하고 [판단]의 ┌q ▾ 키가 눌러져 있는가?┐를 조건에 연결한 후 키를 '오른쪽 화살표'로 변경합니다.

❿ [자료]의 ┌Y값 ▾ 에 10 만큼 더하기┐를 조건 블록에 연결하고 변수를 'X값', 값을 '0.3'으로 변경합니다.

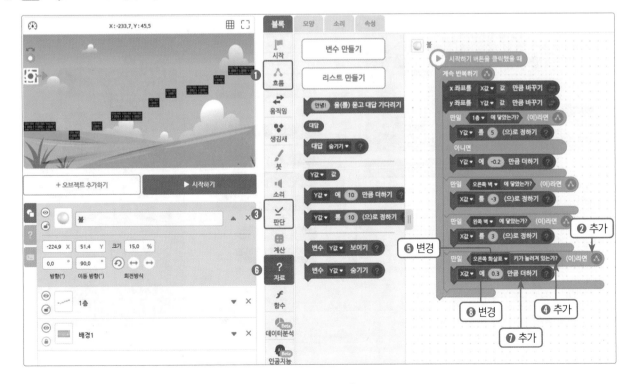

⓫ 조건 블록 위에서 마우스 오른쪽 버튼을 클릭하여 [코드 복사 & 붙여넣기]를 선택하고 아래에 연결한 후 키를 '왼쪽 화살표', 값을 '-0.3'으로 변경합니다.

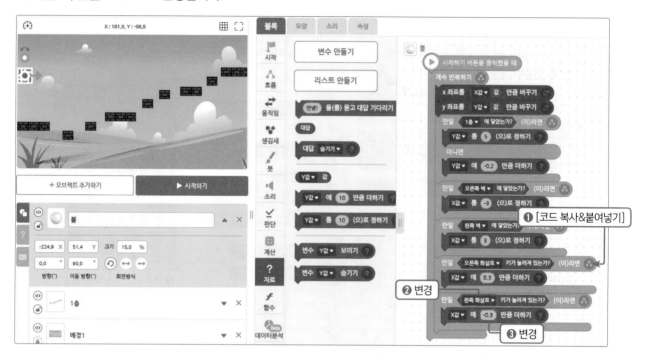

⓬ 화살표 키를 눌렀을 때 자연스럽게 앞뒤로 이동하도록 만들기 위해 [?자료]의 ⟨Y값 ▼ 를 10 (으)로 정하기 ?⟩를 연결하고 변수를 'X값'으로 변경한 후 [계산]의 ⟨10 x 10⟩을 값에 끼워 넣습니다.

⓭ 왼쪽 값에는 [?자료]의 ⟨Y값 ▼ 값⟩을 끼워 넣고 변수를 'X값'으로 변경한 후 오른쪽 값에는 '0.9'를 입력합니다.

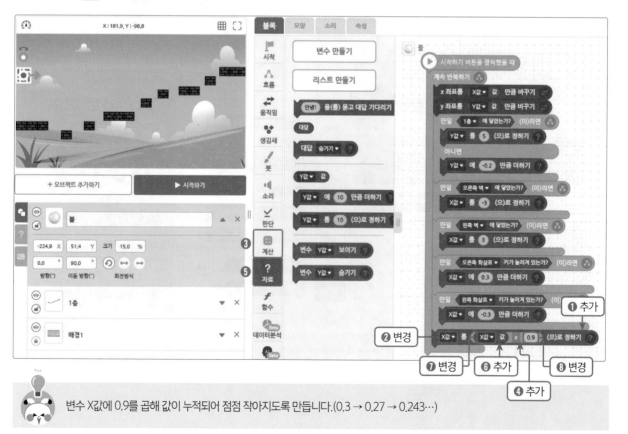

변수 X값에 0.9를 곱해 값이 누적되어 점점 작아지도록 만듭니다.(0.3 → 0.27 → 0.243⋯)

실습파일 : 방방뛰기.ent   완성파일 : 방방뛰기(완성).ent

 위쪽 화살표 키를 누르면 높이 뛰고, 아래쪽 화살표 키를 누르면 낮게 뛰도록 만들고 점프를 할 때 모양이 바뀌도록 '점프1' 오브젝트에 코드를 완성해 보세요.

'점프1' 오브젝트

❶ 시작하기 버튼을 클릭했을 때 ➡ ❷ ❸~⓴을 계속 반복하기 ➡ ❸ '점프2' 모양으로 바꾸기 ➡ ❹ '점프'를 '5'로 정하기 ➡ ❺ 만일 ➡ ❻ '위쪽 화살표' 키가 눌러져 있다면 ➡ ❼ '점프'를 '8'로 정하기 ➡ ❽ 만일 ➡ ❾ '아래쪽 화살표' 키가 눌러져 있다면 ➡ ❿ '점프'를 '2'로 정하기 ➡ ⓫ '방방'에 닿을 때까지 ➡ ⓬ ⓭~⓲을 반복하기 ➡ ⓭ 만일 ➡ ⓮ '아래쪽 벽'에 닿았다면 ➡ ⓯ '모든' 코드 멈추기 ➡ ⓰ y 좌표를 바꾸기 ➡ ⓱ '점프' 값만큼 ➡ ⓲ '점프'에 '-0.2만큼 더하기 ➡ ⓳ '점프1' 모양으로 바꾸기 ➡ ⓴ y 좌표를 '3' 만큼 바꾸기

💡 힌트

예제 파일에는 변수 값이 '1'인 '점수' 변수가 미리 추가되어 있습니다.

 화살표 키를 누르면 해당 방향으로 이동하고 벽에 닿으면 튕기도록 '점프1' 오브젝트에 코드를 완성해 보세요.

'점프1' 오브젝트

❶ 시작하기 버튼을 클릭했을 때 ➡ ❷ ❸~⓮를 계속 반복하기 ➡ ❸ 만일 ➡ ❹ '오른쪽 화살표' 키가 눌러져 있다면 ➡ ❺ x 좌표를 '5' 만큼 바꾸기 ➡ ❻ 만일 ➡ ❼ '왼쪽 화살표' 키가 눌러져 있다면 ➡ ❽ x 좌표를 '-5' 만큼 바꾸기 ➡ ❾ 만일 ➡ ❿ '왼쪽 벽'에 닿았다면 ➡ ⓫ x 좌표를 '5' 만큼 바꾸기 ➡ ⓬ 만일 ➡ ⓭ '오른쪽 벽'에 닿았다면 ➡ ⓮ x 좌표를 '-5' 만큼 바꾸기

별 먹기 바운스볼 만들기

벽돌 위에 있는 불을 피해 별을 먹으면 다음 장면으로 이동하는 별 먹기 바운스볼 게임을 만들어 보세요. 움직이는 벽돌을 만들어 다음 장면이 진행될수록 난이도가 올라간다면 더욱 재미있겠죠?

학습 목표
▹ 장면이 끝나면 다음 장면으로 넘어갈 수 있습니다.
▹ 게임이 끝나면 처음 위치에서 다시 시작하도록 만들 수 있습니다.
▹ 오브젝트에 애니메이션 효과를 줄 수 있습니다.

실습파일 : 별먹기 바운스볼.ent   **완성파일** : 별먹기 바운스볼(완성).ent

미션 미리보기

볼이 떨어지거나 불에 닿으면 처음 위치에서 다시 시작하고 별에 닿으면 다음 장면으로 이동시켜 보세요. 장면이 바뀔수록 게임의 난이도가 높아지도록 코드를 완성해 보세요.

벽돌 위에 있는 불을 피해 이동하여 별에 닿으면 다음 장면으로 이동

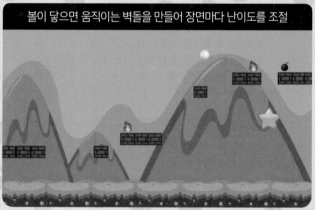

볼이 닿으면 움직이는 벽돌을 만들어 장면마다 난이도를 조절

✅ 사용할 주요 블록

명령 블록	설명
장면 1▼ 시작하기 ▶	선택한 장면을 시작합니다.
참 또는▼ 거짓	두 조건 중 하나 이상 참이면 참 값입니다.
마우스포인터▼ 에 닿았는가?	선택한 오브젝트와 닿으면 참 값입니다.

① 별 애니메이션 만들기

❶ [실습파일]-[12차시]에 있는 '별먹기 바운스볼.ent'를 열고 '별' 오브젝트를 선택합니다. 볼이 별에 닿으면 별이 움직이고 다음 장면으로 바뀌게 하기 위해 [시작]의 [▶ 시작하기 버튼을 클릭했을 때]를 추가하고 [흐름]의 [계속 반복하기]를 연결합니다.

❷ [만일 참 이라면]을 반복 블록 안에 연결하고 [판단]의 [마우스포인터▼ 에 닿았는가?]를 조건에 끼워 넣은 후 대상을 '바운스볼'로 변경합니다.

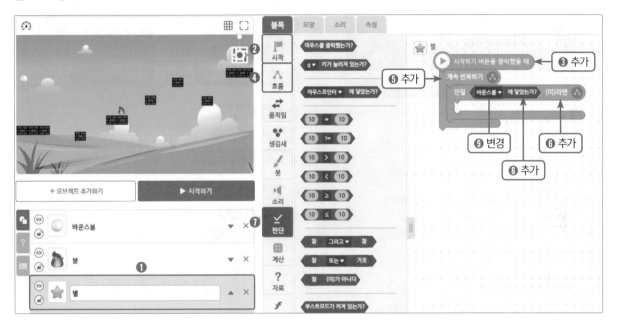

❸ 별이 회전하면서 크기가 커지도록 만들기 위해 [흐름]의 [10 번 반복하기]를 조건 블록에 연결하고 반복 횟수를 '5'로 변경합니다.

❹ [생김새]의 [크기를 10 만큼 바꾸기]를 반복 블록 안에 연결하고 [움직임]의 [방향을 90° 만큼 회전하기]를 연결한 후 방향을 '60'으로 변경합니다.

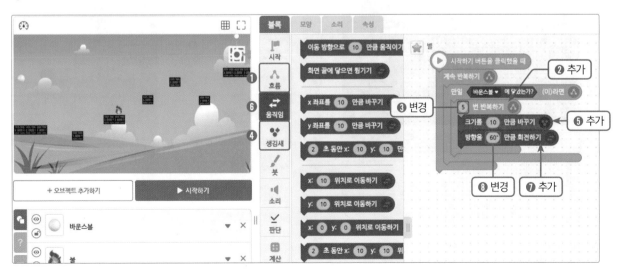

❺ 5번 반복할 동안 잠깐 기다리기 위해 [흐름]의 ⟨ 2 초 기다리기 ⟩를 연결하고 초를 '0.1'로 변경합니다.

❻ 움직임이 끝나면 '장면2'를 시작하기 위해 [시작]의 ⟨ 장면 1 ▾ 시작하기 ⟩를 반복 블록 아래에 연결하고 '장면2'를 선택합니다.

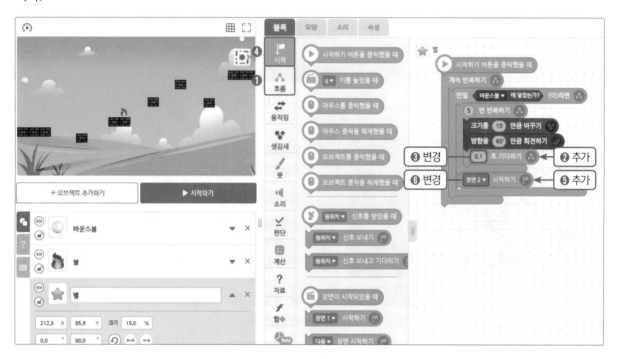

❼ ⟨ ▶ 시작하기 버튼을 클릭했을 때 ⟩ 위에서 마우스 오른쪽 버튼을 클릭하여 [코드 복사]를 선택하고 [장면2]의 '별1' 오브젝트를 선택한 후 [마우스 오른쪽 버튼]-[붙여넣기]를 클릭합니다.

❽ 조건 대상을 '바운스볼1'로 변경한 후 볼이 별에 닿으면 게임을 끝내기 위해 ⟨ 장면 2 ▾ 시작하기 ⟩를 드래그하여 삭제하고 [흐름]의 ⟨ 모든 ▾ 코드 멈추기 ⟩를 연결합니다.

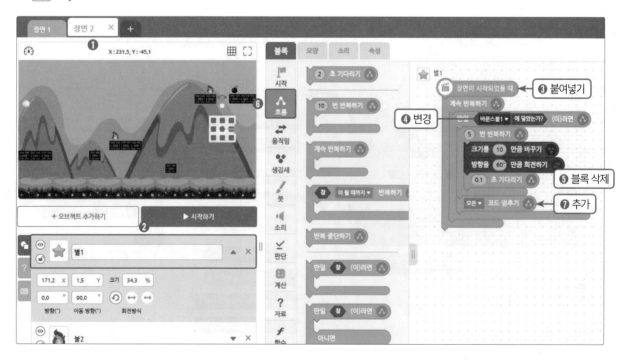

② 볼이 불에 닿거나 떨어지면 다시 시작하기

① 게임을 진행하면서 볼이 아래로 떨어지거나 불에 닿으면 처음 위치에서 다시 시작하기 위해 [장면1]의 '바운스볼' 오브젝트를 선택합니다. [시작]의 ▶ 시작하기 버튼을 클릭했을 때 를 추가하고 [흐름]의 계속 반복하기 ∧ 를 연결합니다.

② 만일 참 이라면 ∧ 을 반복 블록 안에 연결하고 [판단]의 〈 참 또는▼ 거짓 〉 을 조건에 끼워 넣습니다.

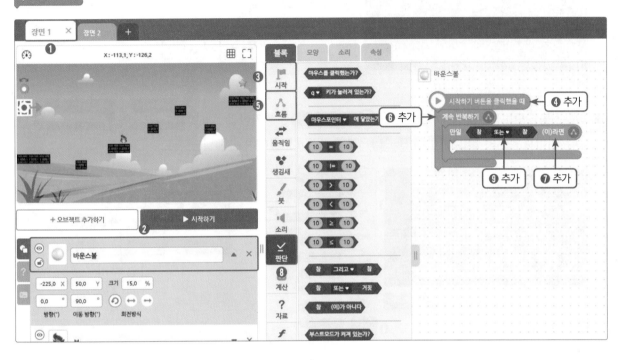

③ 〈 마우스포인터▼ 에 닿았는가? 〉를 조건 양쪽에 각각 끼워 넣고 대상을 왼쪽은 '불', 오른쪽은 '아래쪽 벽'으로 변경합니다. 이어서, [움직임]의 x: 0 y: 0 위치로 이동하기 를 조건 블록 안에 연결하고 x는 '-225', y는 '50'으로 변경합니다.

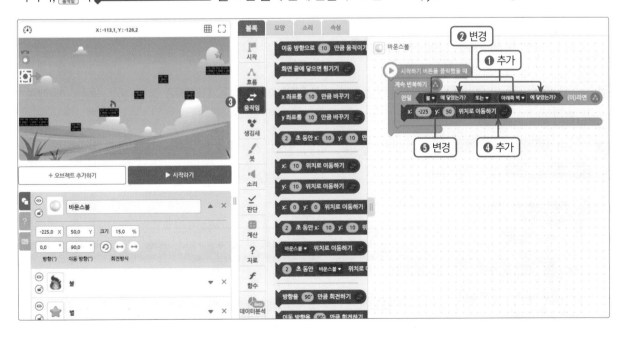

❹ [장면2]에서도 볼이 떨어지거나 불 또는 폭탄에 닿으면 '바운스볼1'과 '블록1'을 처음 위치로 이동시키기 위해 [장면2]를 선택합니다. 이어서, [속성] 탭-[신호]-[신호 추가하기]를 클릭한 후 '원위치'를 입력하고 [확인] 버튼을 클릭합니다.

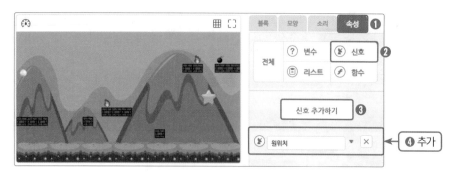

❺ '바운스볼1' 오브젝트를 선택하고 [시작]의 `장면이 시작되었을때`를 추가한 후 [흐름]의 `계속 반복하기`와 `만일 참 이라면`을 연결합니다. 이어서, [판단]의 `참 또는▼ 거짓` 3개를 조건에 연결하여 끼워 넣습니다.

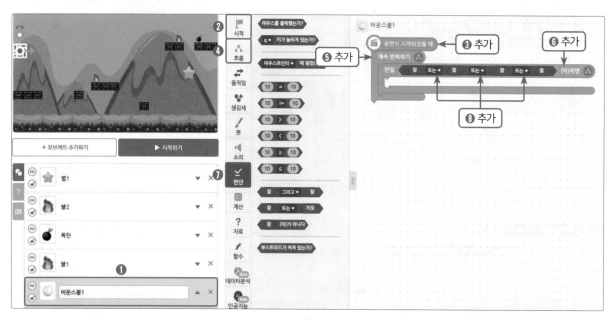

❻ [판단]의 `마우스포인터▼ 에 닿았는가?`를 4개의 조건에 각각 끼워 넣고 대상을 차례대로 '불1', '불2', '폭탄', '아래쪽 벽'으로 변경합니다.

❼ [움직임]의 `x 0 y: 0 위치로 이동하기`를 조건 블록에 끼워 넣고 x는 '-225', y는 '50'으로 변경한 후 [시작]의 `원위치▼ 신호 보내기`를 연결합니다.

3 바운스볼에 닿으면 벽돌이 움직이게 만들기

1 아래쪽에 있는 벽돌이 바운스볼에 닿으면 위로 이동하도록 만들기 위해 '블록1' 오브젝트를 선택하고 [시작]의 [장면이 시작되었을때]를 추가한 후 [흐름]의 [계속 반복하기]와 [만일 참 이려면]을 연결합니다.

2 [판단]의 [마우스포인터▼에 닿았는가?]를 조건에 끼워 넣고 대상을 '바운스볼1'로 변경한 후 [움직임]의 [2초 동안 x: 10 y: 10 위치로 이동하기]를 조건 블록 안에 연결하고 초를 '1'로, x는 '66', y는 '40'으로 변경합니다.

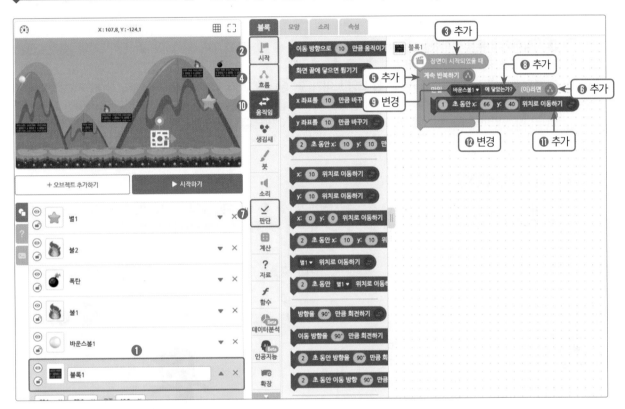

3 볼이 떨어지거나 불 또는 폭탄에 닿으면 처음 위치로 이동하기 위해 [시작]의 [원위치▼ 신호를 받았을 때]를 추가하고 [움직임]의 [2초 동안 x: 10 y: 10 위치로 이동하기]를 연결한 후 초를 '1'로, x는 '66', y는 '-75'로 변경합니다.

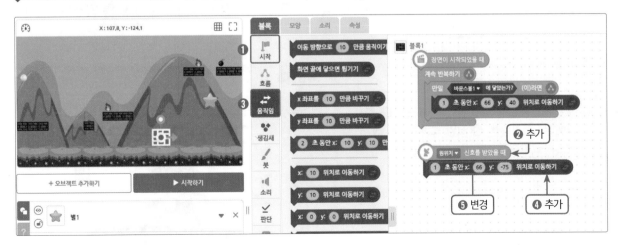

실습파일 : 방방 오래타기.ent   완성파일 : 방방 오래타기(완성).ent

 01 '폭탄'과 '모래시계'가 오른쪽에서 임의의 위치와 시간마다 날아오고 '모래시계'에 닿으면 시간에 +10초, '폭탄'에 닿으면 -10초가 되도록 게임을 만들어요. 단, 초시계의 시간이 10초가 지나면 시간에서 -10초가 감소되고 시간이 0이 되면 게임이 끝나도록 코드를 완성해 보세요.

'폭탄', '모래시계' 오브젝트 공통

- ❶ 시작하기 버튼을 클릭했을 때 ➜ ❷ 모양 숨기기 ➜ ❸ ❹~❻을 계속 반복하기 ➜ ❹ '자신의' 복제본 만들기 ➜ ❺ '3'부터 '6'사이의 무작위 수 ➜ ❻ 초 기다리기
- ❶ 복제본이 처음 생성되었을 때 ➜ ❷ 모양 보이기 ➜ ❸ x는 '260' y는 ➜ ❹ '-30'부터 '100' 사이의 무작위 수 ❸ 위치로 이동하기 ➜ ❺ '왼쪽 벽'에 닿았는가? ➜ ❻ 이 될 때 까지 ❼~❸을 반복하기 ➜ ❼ 만일 ➜ ❽ '점프1'에 닿았다면 ❾~❿ 실행하기 ➜ ❾ '시간'에 '-10'만큼 더하기(모래시계 : '시간'에 '10'만큼 더하기) ➜ ❿ 이 복제본 삭제하기 ➜ ⓫ x 좌표를 ➜ ⓬ '-5'부터 '-10' 사이의 무작위 수 ➜ ⓫ 만큼 바꾸기 ➜ ⓭ '0.1' 초 기다리기 ➜ ⓮ 이 복제본 삭제하기

'모래시계' 오브젝트에만 적용

❶ 시작하기 버튼을 클릭했을 때 ➜ ❷ 초시계 '시작하기' ➜ ❸ ❹~❽을 계속 반복하기 ➜ ❹ 만일 ➜ ❺ 초시계 값 ➜ ❻ 이 '10'보다 크다면 ➜ ❼ 초시계 '초기화하기' ➜ ❽ '시간'에 '-10'만큼 더하기

 힌트

예제 파일일에는 '시간' 변수와 '게임종료' 신호가 추가되어 있으며 '점프1' 오브젝트에 '아래쪽 벽'이나 '시간'이 '0'보다 작을 때 '게임종료' 신호를 보내는 코드가 작성되어 있습니다.

02 텍스트 오브젝트가 '게임종료' 신호를 받으면 초시계를 멈추고 모든 코드를 멈추도록 코드를 완성해 보세요.

'그만 타고 내려오세요' 오브젝트

❶ '게임종료' 신호를 받았을 때 ➜ ❷ 초시계 '정지하기' ➜ ❸ 모양 보이기 ➜ ❹ '모든' 코드 멈추기

생명 바 만들기

스트레스를 해소할 수 있는 자동차 부수기 게임을 만들거예요. 자동차를 누가 먼저 부수는지 확인하기 위해 자동차 생명 바를 만들고 망치로 한 번 내려칠 때마다 생명 바가 줄어드는 동작을 완성해 봐요.

학습 목표
▸ 변수를 활용해 생명 바를 만들 수 있습니다.
▸ 차 부수기 게임을 만들 수 있습니다.
▸ 붓 꾸러미를 활용해 색을 표현할 수 있습니다.

실습파일 : 생명바 만들기.ent   **완성파일** : 생명바 만들기(완성).ent

미션 미리보기

망치로 자동차를 클릭할 때마다 생명 바가 줄어들면서 자동차가 움직이고 자동차를 100번 클릭하면 부서진 자동차 모양으로 변합니다.

자동차를 클릭할 때마다 생명 바가 조금씩 줄어들면서 자동차가 움직임

자동차를 망치로 100번 클릭하면 자동차가 부서진 모양으로 바뀌고 모든 코드가 멈춤

✅ 사용할 주요 블록

명령 블록	설명
반복 중단하기 ⋀	이 블록을 감싸고 있는 반복 블록의 반복을 중단합니다.
모든 붓 지우기 ✏	해당 오브젝트가 그린 선과 도장을 모두 지웁니다.
붓의 굵기를 ① (으)로 정하기 ✏	오브젝트가 그리는 선 굵기를 입력한 값으로 정합니다.
붓의 색을 ■ (으)로 정하기 ✏	오브젝트가 그리는 선의 색을 선택한 색으로 정합니다.
그리기 시작하기 ✏	오브젝트가 이동하는 경로로 선이 그려지기 시작합니다.
그리기 멈추기 ✏	오브젝트가 선 그리는 것을 멈춥니다.

망치로 클릭할 때마다 자동차 움직이기

❶ [실습파일]-[13차시]에 있는 '생명바 만들기.ent'를 불러와 자동차 클릭 횟수를 저장할 변수를 만들기 위해 [속성] 탭-[변수]-[변수 추가하기]를 클릭합니다. 이어서, 변수 이름을 '자동차 생명'으로 입력하고 [확인] 버튼을 클릭한 후 기본값을 '100'으로 변경하고 를 클릭해 장면에서 보이지 않게 합니다.

'망치' 오브젝트에는 마우스 포인터를 따라다니면서 클릭할 때마다 망치로 내리치는 모양을 만드는 코드가 추가되어 있습니다.

❷ '자동차 생명' 변수 값이 0이면 게임을 종료하기 위해 '자동차' 오브젝트를 선택하고 🚩의 〈 시작하기 버튼을 클릭했을 때 〉를 추가한 후 🔼의 〈 계속 반복하기 △ 〉를 연결합니다.

❸ 〈 만일 참 이려면 △ 〉을 반복 블록 안에 연결하고 ✓의 〈 10 = 10 〉을 조건에 끼워 넣습니다.

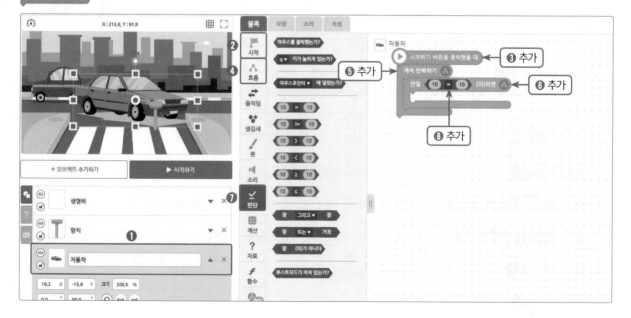

④ 망치로 차를 100번 클릭했을 때 조건을 만들기 위해 ⌈?⌉의 ⟨자동차 생명 ▼ 값⟩을 왼쪽 조건에 끼워 넣고 오른쪽 조건 에는 '0'을 입력합니다.

⑤ 부서진 자동차 모양으로 만들고 게임을 종료하기 위해 ⌈생김새⌉의 ⟨자동차 ▼ 모양으로 바꾸기⟩를 조건 블록 안에 연결하고 '부 서진 자동차'로 변경한 후 ⌈흐름⌉의 ⟨모든 ▼ 코드 멈추기⟩를 연결합니다.

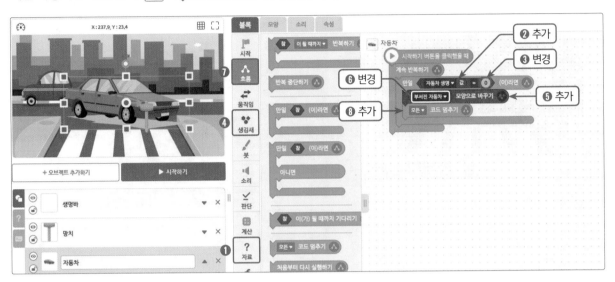

⑥ '망치'가 자동차에 닿았을 때 클릭했다면 조건을 만들기 위해 ⟨만일 참 이라면⟩을 조건 블록 아래에 연결하고 ⌈판단⌉의 ⟨참 그리고 ▼ 참⟩를 조건에 끼워 넣습니다.

⑦ ⟨마우스포인터 ▼ 에 닿았는가?⟩를 왼쪽 조건에 끼워 넣고 대상을 '망치'로 변경한 후 ⟨마우스를 클릭했는가?⟩를 오른쪽 조건에 끼 워 넣습니다.

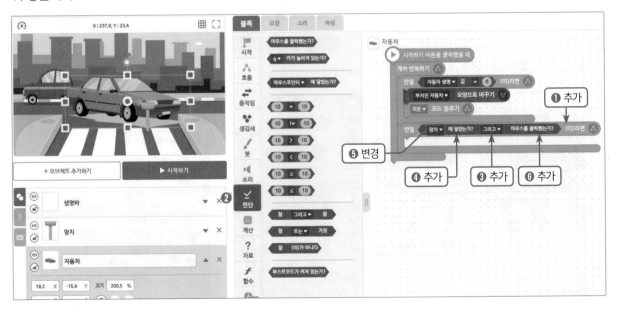

 '망치' 오브젝트가 자동차에 닿은 상태에서 클릭을 해야 차가 부서지도록 만들기 위해 '그리고' 조건을 사용합니다.

⑧ 마우스를 클릭했을 때 실제 때리는 것처럼 보이도록 만들기 위해 [움직임]의 y좌표를 10 만큼 바꾸기 를 조건 블록 안에 연결하고 값을 '2'로 변경합니다.

⑨ 망치로 부술 때마다 효과음을 주기 위해 [소리]의 소리 총 소리▼ 1 초 재생하기 를 연결하고 초를 '0.3'으로 변경한 후 [흐름]의 2 초 기다리기 를 연결하고 초를 '0.1'로 변경합니다.

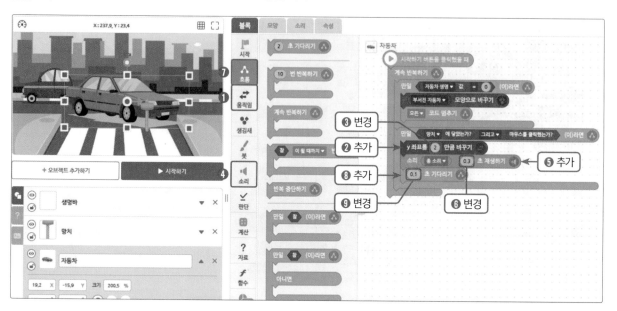

 예제 파일의 '자동차' 오브젝트에는 '총 소리'가 미리 추가되어 있습니다.

⑩ 위로 움직인 차를 아래로 이동시키기 위해 [움직임]의 y좌표를 10 만큼 바꾸기 를 연결하고 값을 '-2'로 변경합니다.

⑪ '자동차 생명' 변수 값을 변경하기 위해 [자료]의 자동차 생명▼ 에 10 만큼 더하기 를 연결하고 값을 '-1'로 변경한 후 [흐름]의 2 초 기다리기 를 연결하고 초를 '0.1'로 변경합니다.

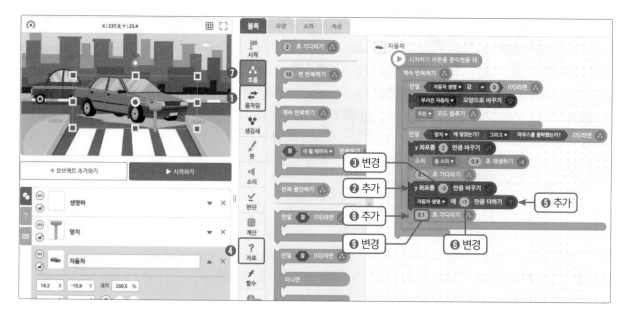

② 생명 바 그리기

① '자동차 생명' 변수 값이 0일 때 조건을 만들기 위해 '생명바' 오브젝트를 선택하고 [시작]의 ⏵ 시작하기 버튼을 클릭했을 때 를
추가한 후 [흐름]의 계속 반복하기 ⟳ 를 연결합니다.

② 만일 참 이라면 ⟳ 을 반복 블록 안에 연결하고 [판단]의 ⟨ 10 = 10 ⟩ 을 조건에 끼워 넣습니다.

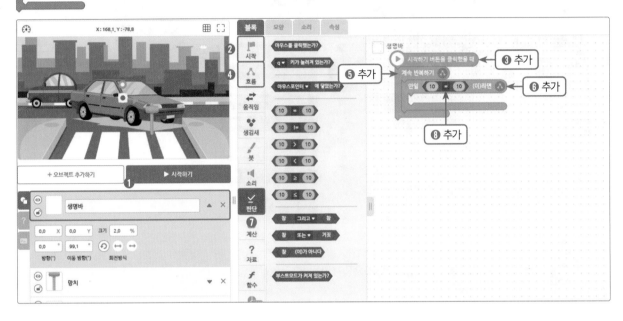

③ 망치로 차를 100번 클릭했을 때 조건을 만들기 위해 [자료]의 자동차 생명 ▾ 값 을 왼쪽 조건에 끼워 넣고 오른쪽 조건
에는 '0'을 입력합니다.

④ 장면에 '생명바'로 그린 선을 모두 지우고 반복을 중단하기 위해 [붓]의 모든 붓 지우기 ✏ 를 조건 블록 안에 연결하고
[흐름]의 반복 중단하기 ⟳ 를 연결합니다.

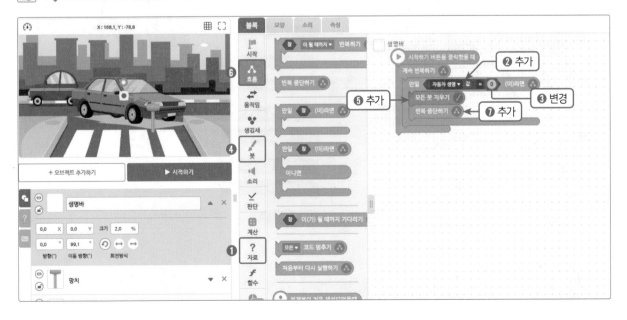

❺ 시작하기 버튼을 클릭하면 자동차 위쪽으로 '생명바'를 이동시키기 위해 [움직임]의 [x: 0 y: 0 위치로 이동하기]를 조건 블록 아래에 연결하고 x는 '-70', y는 '70'으로 변경합니다.

❻ 붓의 굵기를 지정하기 위해 [붓]의 [붓의 굵기를 1 (으)로 정하기]를 연결하고 값을 '10'으로 변경합니다.

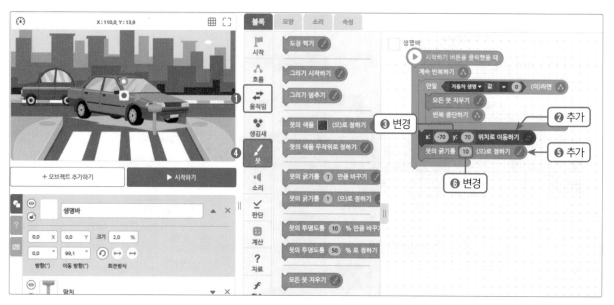

 생명 바를 두껍게 만들려면 큰 값을 입력하고 얇게 만들려면 작은 값을 입력합니다.

❼ 선을 그릴 준비를 하기 위해 [그리기 시작하기]를 연결하고 붓의 색을 지정하기 위해 [붓의 색을 (으)로 정하기]를 연결한 후 색을 '빨간색'으로 지정합니다.

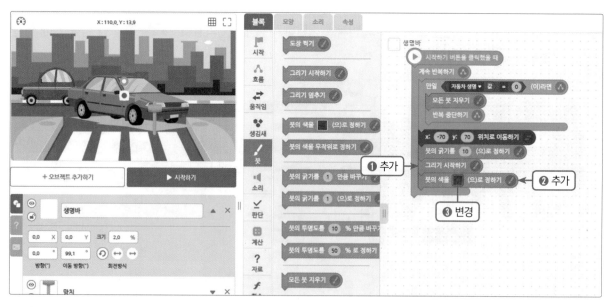

 '자동차 생명' 값을 표시할 생명 바의 색을 선택합니다.

⑧ '자동차 생명' 변수 값만큼 x 값으로 오브젝트를 이동해 선을 그리기 위해 🔄 의 `x 좌표를 10 만큼 바꾸기` 를 연결하고 값에 ❓ 의 `자동차 생명 ▼ 값` 을 끼워 넣습니다.

⑨ 붓의 색을 변경하기 위해 🖌 의 `붓의 색을 ■ (으)로 정하기` 를 연결한 후 색을 '회색'으로 지정합니다.

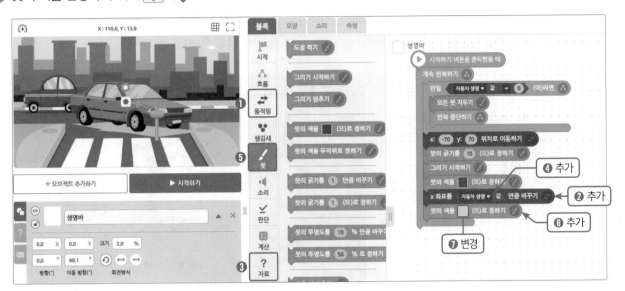

'자동차 생명' 변수의 기본값이 '100'이므로 '생명바' 오브젝트가 100만큼 이동하면서 빨간색 선을 그립니다.

⑩ '자동차 생명' 변수 값이 작아질수록 생명 바가 줄어드는 모양을 만들기 위해 🔄 의 `x 좌표를 10 만큼 바꾸기` 를 연결하고 값에 🔢 의 `10 - 10` 을 끼워넣습니다.

⑪ 왼쪽 값은 '100'을 입력하고 오른쪽 값에 ❓ 의 `자동차 생명 ▼ 값` 을 끼워 넣은 후 🖌 의 `그리기 멈추기` 를 연결합니다.

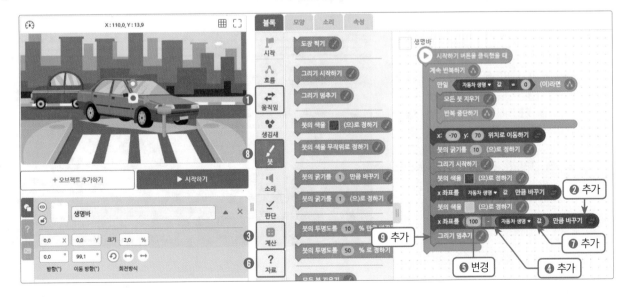

'자동차 생명' 변수 값(100)만큼 이동하면서 빨간색 선을 그린 후 다시 망치로 때린 횟수만큼 줄어든 변수 값을 이용하여 반대 방향으로 이동하면서 회색 선을 그려 생명 바가 줄어든 모양을 만듭니다.

실습파일 : 보물캐기.ent   완성파일 : 보물캐기(완성).ent

01 시작하기 버튼을 클릭하면 '보물상자' 위로 '생명바' 오브젝트가 이동하여 '상자깨기' 변수의 값에 따라 생명 바를 그리도록 '생명바' 오브젝트에 코드를 완성해 보세요.

'생명바' 오브젝트

❶ 시작하기 버튼을 클릭했을 때 ➜ ❷ ❸~⓳를 계속 반복하기 ➜ ❸ 만일 ➜ ❹ '상자깨기' 값이 ➜ ❺ '0'이라면 ❻을 실행하기 ➜ ❻ 모든 붓 지우기 ➜ ❼ 반복 중단하기 ➜ ❽ 붓의 굵기를 '5'로 정하기 ➜ ❾ '보물상자' 위치로 이동하기 ➜ ❿ y좌표를 '30'만큼 바꾸기 ➜ ⓫ 그리기 시작하기 ➜ ⓬ 붓의 색을 '빨간색'으로 정하기 ➜ ⓭ '상자깨기' 값만큼 ➜ ⓮ x좌표를 바꾸기 ➜ ⓯ 붓의 색을 '회색'으로 정하기 ➜ ⓰ 50에서 ➜ ⓱ '상자깨기' 값을 ⓰ 뺀 만큼 ⓲ x 좌표를 바꾸기 ➜ ⓳ 그리기 멈추기

 힌트

예제 파일에는 '상자깨기' 변수가 추가되어 있으며 기본값이 '50'으로 지정되어 있습니다.

02 캐릭터가 곡괭이를 한 번 휘두를 때마다 생명바가 '-1'씩 줄어들고 0이 되면 상자가 사라지도록 '보물상자' 오브젝트에 코드를 완성해 보세요.

'보물상자' 오브젝트

❶ 시작하기 버튼을 클릭했을 때 ➜ ❷ ❸~⓮를 계속 반복하기 ➜ ❸ 만일 ➜ ❹ '상자깨기' 값이 ➜ ❺ '0'이라면 ➜ ❻ 모양 숨기기 ➜ ❼ 만일 ➜ ❽ '캐릭터'에 닿았고 ➜ ❾ 그리고 ➜ ❿ 'a'키가 눌러져 있거나 ➜ ⓫ 또는 ➜ ⓬ 's'키가 눌러져 있다면 ⓭ '상자깨기'에 '-1'만큼 더하기 ➜ ⓮ 0.1초 기다리기

 힌트

예제 파일의 '캐릭터' 오브젝트에는 좌-우 화살표 키를 누르면 왼쪽과 오른쪽으로 이동하고 'A'키를 누르면 왼쪽, 'S'키를 누르면 오른쪽으로 곡괭이를 휘두르도록 코드가 추가되어 있습니다.

자동차 부수기 게임 만들기

14

초시계를 이용해 생명 바가 0이 될 때까지의 시간을 텍스트 오브젝트로 표시하여 누가 빨리 자동차를 부쉈는지 알 수 있는 게임을 만들어 보세요.

 학습 목표
▸ 신호를 이용해 초시계를 멈출 수 있습니다.
▸ 글상자 오브젝트에 초시계의 초를 글자로 표현할 수 있습니다.
▸ 오브젝트를 클릭하여 게임을 다시 시작할 수 있습니다.

실습파일 : 자동차 부수기.ent   완성파일 : 자동차 부수기(완성).ent

미션 미리보기

초시계를 이용해 자동차 부수기 게임에 걸린 시간을 확인하여 글상자 오브젝트로 나타내고 다시 시작을 클릭하면 게임을 처음부터 다시 시작할 수 있도록 코드를 완성해 보세요.

자동차를 100번 클릭했을 때 걸린 시간을 글상자로 표시	다시 시작을 클릭하면 게임을 처음부터 다시 시작
초시계 28.3 / 28.29걸렸습니다.	다시 시작 / 초시계 28.3 / 28.29걸렸습니다.

✔ 사용할 주요 블록

명령 블록	설명
초시계 시작하기▾	초시계를 시작하거나 정지합니다.
엔트리 라고 글쓰기	글상자의 내용을 입력한 글자로 변경합니다.
엔트리 라고 뒤에 이어쓰기	글상자의 내용 뒤에 입력한 값을 추가합니다.
처음부터 다시 실행하기	장면을 처음부터 다시 시작합니다.

초시계로 자동차가 부서지는 시간 재기

❶ [실습파일]-[14차시]에 있는 '자동차 부수기.ent'를 열고 게임이 완료되는 신호를 만들기 위해 [속성] 탭-[신호]-[신호 추가하기]를 클릭합니다. 이어서, 신호 이름을 '부수기 완료'로 입력한 후 [확인] 버튼을 클릭합니다.

❷ 차량이 부서지는 시간을 확인하기 위해 [블록] 탭의 '자동차' 오브젝트를 선택한 후 [모든▼ 코드 멈추기] 블록을 삭제합니다.

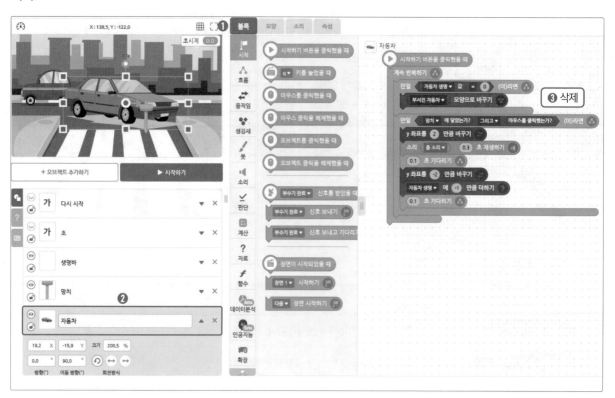

❸ 시작하기 버튼을 클릭하면 초시계가 시작하도록 하기 위해 ▶ 시작하기 버튼을 클릭했을 때 아래에 초시계 시작하기▼ 를 연결합니다.

❹ 자동차가 부서지면 초시계를 멈추기 위해 첫 번째 조건 블록에 초시계 시작하기▼ 를 연결하고 '정지하기'로 변경합니다.

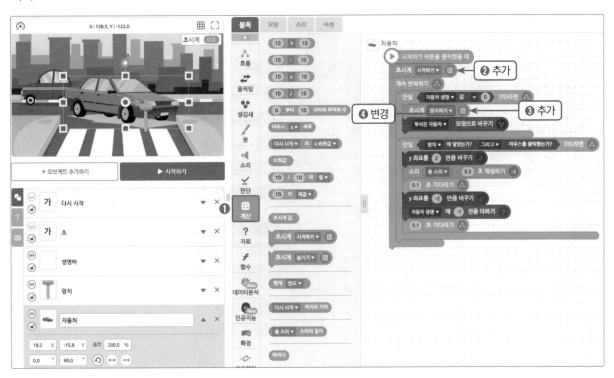

❺ 초시계가 정지하면 부수기 종료 신호를 보내기 위해 부수기 완료▼ 신호 보내기 를 아래에 연결합니다.

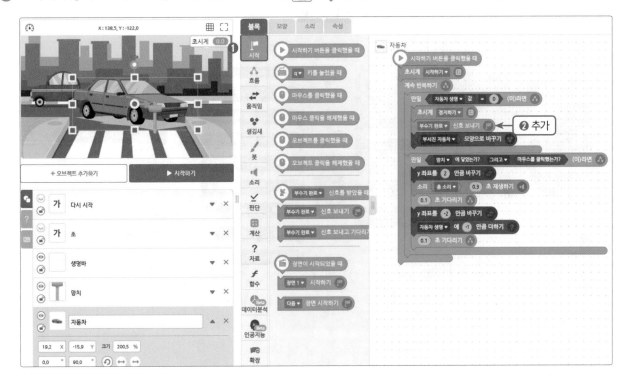

② 글상자 오브젝트에 글자 표시하기

① '부수기 완료' 신호를 받으면 글상자 오브젝트를 보이게 하기 위해 '초' 오브젝트를 선택하고 [시작]의
[부수기 완료▼ 신호를 받았을 때]를 추가한 후 [생김새]의 [모양 보이기]를 연결합니다.

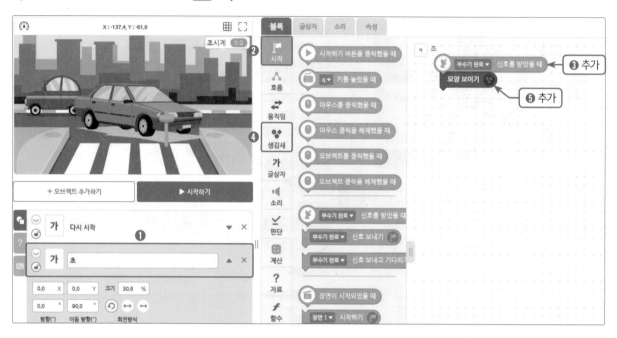

② 게임이 종료되면 글상자 오브젝트에 초를 표시하기 위해 [가 글상자]의 [엔트리 라고 글쓰기]를 연결하고 글자 입력란에 [계산]의
[초시계 값]를 끼워 넣습니다.

③ 초 뒤에 글자를 추가하기 위해 [가 글상자]의 [엔트리 라고 뒤에 이어쓰기]를 연결하고 글자 입력란에 "걸렸습니다."를 입력합니다.

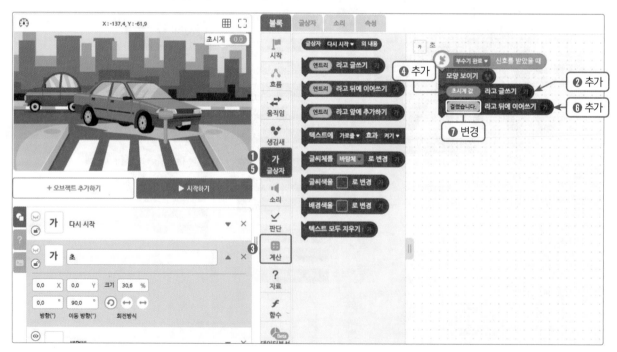

❹ 게임이 끝나면 '다시 시작' 글상자를 보이게 하기 위해 '다시 시작' 오브젝트를 선택합니다. [시작]의 [부수기 완료▼ 신호를 받았을 때]를 추가하고 [호름]의 [2 초 기다리기]를 연결하여 초를 '3'으로 변경한 후 [생김새]의 [모양 보이기]를 연결합니다.

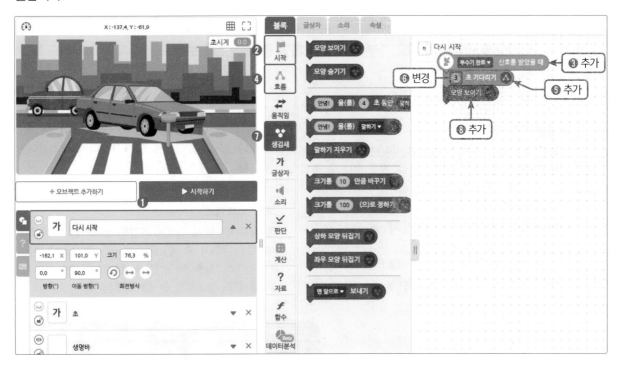

❺ '다시 시작' 글상자를 클릭하면 게임을 처음부터 다시 시작하기 위해 [시작]의 [오브젝트를 클릭했을 때]를 추가하고 [호름]의 [처음부터 다시 실행하기]를 연결합니다.

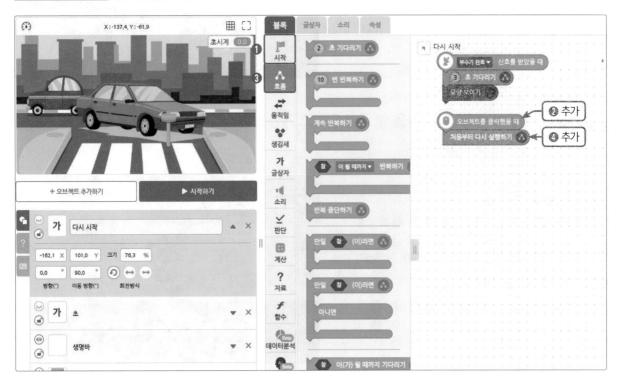

실습파일 : 보물캐기 게임.ent   완성파일 : 보물캐기 게임(완성).ent

 01 보물상자를 50번 내리치면 보물이 나타나고 점수가 1씩 올라간 후 임의의 위치에서 다시 나타나도록 만들어 보세요. 1분이 지나면 게임 종료 신호를 보내고 초시계가 정지하도록 코드를 완성해 보세요.

'보물상자' 오브젝트

• 작성되어 있는 코드의 첫 번째 조건문(모양 숨기기 블록 아래) 안에 ❶ '상자깨기 완료' 신호 보내기 ➜ ❷ '점수'에 '1'만큼 더하기 ➜ ❸ '상자깨기'를 '50'으로 정하기

• ❶ '상자깨기 완료' 신호를 받았을 때 ➜ ❷ '2'초 기다리기 ➜ ❸ '−200'부터 '200' 사이의 무작위 값의 ➜ ❹ x 위치로 이동하기 ➜ ❺ 모양 보이기

• ❶ 시작하기 버튼을 클릭했을 때 ➜ ❷ 초시계 '시

작하기' ➜ ❸ ❹~❽을 계속 반복하기 ➜ ❹ 만일 ➜ ❺ 초시계 값이 ➜ ❻ '60'보다 크거나 같다면 ➜ ❼ '게임종료' 신호 보내기 ➜ ❽ 초시계 '정지하기'

'보물' 오브젝트

❶ '상자깨기 완료' 신호를 받았을 때 ➜ ❷ '보물상자' 위치로 이동하기 ➜ ❸ 모양 보이기 ➜ ❹ ❺~❽을 계속 반복하기 ➜ ❺ 만일 ➜ ❻ '캐릭터'에 닿았다면 ➜ ❼ '1'초 기다리기 ➜ ❽ 모양 숨기기

 힌트

예제 파일에는 '게임종료', '상자깨기 완료' 신호와 '점수' 변수가 추가되어 있습니다

 02 게임이 종료되면 보물을 캔 수를 말하고 게임을 다시 시작할 수 있도록 글상자를 표시하는 코드를 완성해 보세요.

'보물 수' 오브젝트

❶ '게임종료' 신호를 받았을 때 ➜ ❷ 모양 보이기 ➜ ❸ '점수' 값 ➜ ❹ 라고 글쓰기 ➜ ❺ "개의 보물을 캤습니다."라고 뒤에 이어쓰기

'다시 시작' 오브젝트

• ❶ '게임종료' 신호를 받았을 때 ➜ ❷ '3'초 기다리기 ➜ ❸ 모양 보이기 ➜ ❹ '모든' 코드 멈추기

• ❶ 오브젝트를 클릭했을 때 ➜ ❷ 처음부터 다시 실행하기

2인용 게임 만들기

15

혼자 하는 게임보다 두 명이서 서로 경쟁하며 즐기는 게임이 더 재미있겠죠? 이번 차시에서는 원하는 선수를 선택해 2인용 게임을 할 수 있도록 코딩해 보겠습니다.

학습 목표

▸ 신호와 변수를 활용해 2인용 게임을 만들 수 있습니다.
▸ 게임을 시작하기 위해 카운트다운을 만들 수 있습니다.

실습파일 : 2인용게임.ent   **완성파일** : 2인용게임(완성).ent

미션 미리보기

두 명의 선수 중 한 명을 선택하면 1P와 2P가 선택되고 다음 장면에서 게임을 진행할 때 자신의 선수로 게임을 할 수 있도록 변수와 신호를 이용해 만듭니다. 또한 게임 시작 전에 카운트다운을 할 수 있는 애니메이션을 만들어 게임 시작을 알 수 있도록 코드를 완성해 보세요.

✓ 사용할 주요 블록

명령 블록	설명
대상없음 ▾ 신호 보내기	선택한 신호를 보냅니다.
장면 1 ▾ 시작하기	선택한 장면을 시작합니다.
x: 0 y: 0 위치로 이동하기	x와 y 위치를 입력한 값으로 이동합니다.
엔트리 라고 글쓰기	입력한 텍스트를 글상자에 표시합니다.

게임 플레이어 선택 장면 만들기

❶ [실습파일]-[15차시]에 있는 '2인용게임.ent'를 열고 [속성] 탭-[신호]-[신호 추가하기]를 클릭해 '2번선택', '1번선택', '시작신호' 신호를 추가합니다.

❷ 왼쪽에 있는 플레이어를 클릭했을 때 신호를 보내기 위해 [블록] 탭을 클릭한 후 '역도선수1' 오브젝트를 선택합니다.

❸ 🏁 의 ⊙ 오브젝트를 클릭했을 때 를 추가하고 시작신호▼ 신호 보내기 를 연결한 후 신호를 '1번선택'으로 변경합니다.

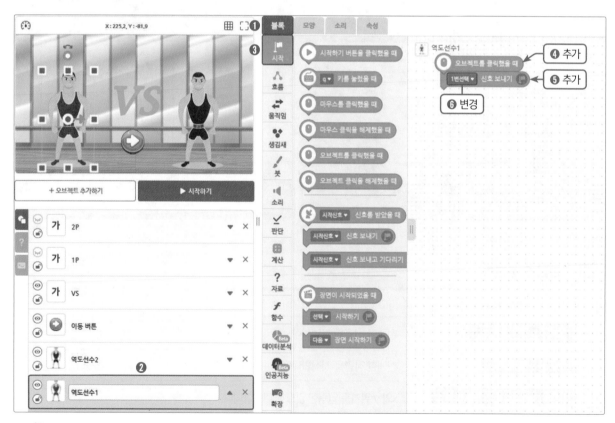

 '1번선택' 신호는 '1P' 글상자 오브젝트가 어느 선수 위에 표시될지를 정하는 신호입니다.

❹ `오브젝트를 클릭했을 때` 위에서 마우스 오른쪽 버튼을 클릭하여 [코드 복사]를 선택하고 '역도선수2' 오브젝트를 선택한 후 [마우스 오른쪽 버튼]–[붙여넣기]를 선택하고 신호를 '2번선택'으로 변경합니다.

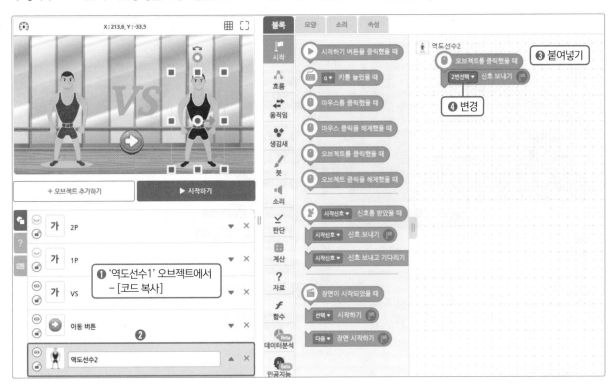

❺ '이동 버튼' 오브젝트를 클릭하면 [게임] 장면이 시작되도록 하기 위해 '이동 버튼' 오브젝트를 선택하고 `시작`의 `오브젝트를 클릭했을 때`와 `선택 ▼ 시작하기` 를 추가한 후 장면을 '게임'으로 변경합니다.

❻ 선수를 선택했을 때 신호를 받으면 장면에서 오브젝트 모양을 보이도록 만들기 위해 `시작신호 ▼ 신호를 받았을 때`를 추가하고 신호를 '1번선택'으로 변경한 후 `생김새`의 `모양 보이기` 를 연결합니다.

❼ `시작신호 ▼ 신호를 받았을 때` 위에서 마우스 오른쪽 버튼을 클릭하여 [코드 복사 & 붙여넣기]를 선택한 후 신호를 '2번선택'으로 변경합니다.

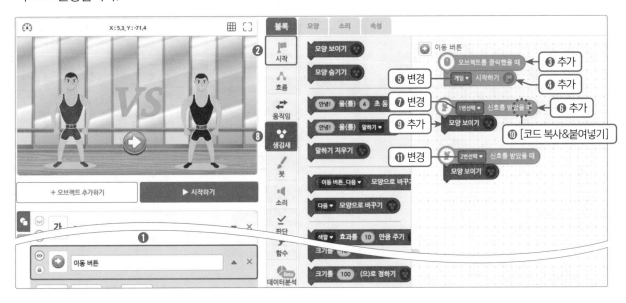

❽ '역도선수1' 오브젝트를 클릭했을 때 해당 오브젝트가 '1P' 게이머인 것을 표시하기 위해 '1P' 오브젝트를 선택하고
의 <kbd>시작신호 ▼ 신호를 받았을 때</kbd>를 추가한 후 신호를 '1번선택'으로 변경합니다.

❾ <kbd>움직임</kbd>의 <kbd>x: 0 y: 0 위치로 이동하기</kbd>를 연결하고 x는 '-135', y는 '90'으로 변경한 후 <kbd>생김새</kbd>의 <kbd>모양 보이기</kbd>를 연결합니다.

'1P'와 '2P' 오브젝트는 장면에서 보이지 않도록 설정되어 있습니다.

❿ '역도선수2' 오브젝트를 클릭했을 때 해당 오브젝트가 '1P' 게이머인 것을 표시하기 위해 <kbd>시작</kbd>의
<kbd>시작신호 ▼ 신호를 받았을 때</kbd>를 추가한 후 신호를 '2번선택'으로 변경합니다.

⓫ <kbd>움직임</kbd>의 <kbd>x: 0 y: 0 위치로 이동하기</kbd>를 연결하고 x는 '135', y는 '90'으로 변경한 후 <kbd>생김새</kbd>의 <kbd>모양 보이기</kbd>를 연결합니다.

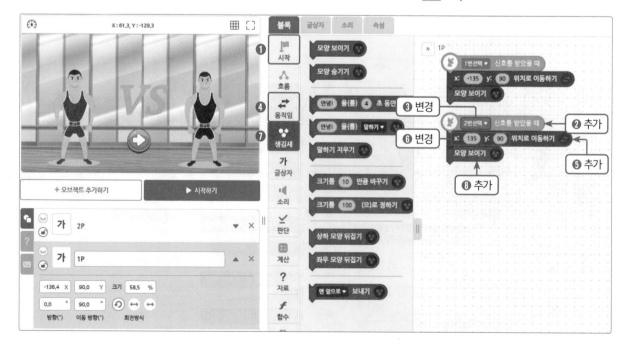

⑫ '1P' 오브젝트의 블록을 모두 복사해 '2P' 오브젝트에 붙여 넣은 후 '1번선택' 신호를 받았을 때 x는 '135', y는 '90'
으로, '2번선택' 신호를 받았을 때 x는 '−135', y는 '90'으로 이동하도록 값을 변경합니다.

(2) **게임 시작을 위한 카운트다운 만들기**

❶ 실제 게임을 진행할 장면에서 게임 시작을 알리는 카운트다운을 만들기 위해 [게임] 장면을 선택하고 '카운트다운'
오브젝트를 선택합니다.

❷ 🏳 시작 의 ▶ 장면이 시작되었을때 를 추가하고 🔀 흐름 의 ◣ 2 초 기다리기 ◢ 를 연결한 후 초를 '1'로 변경합니다. 이어서, 🔤 글상자 의
◣ 엔트리 라고 글쓰기 🔤 를 연결하고 텍스트를 '2'로 변경합니다.

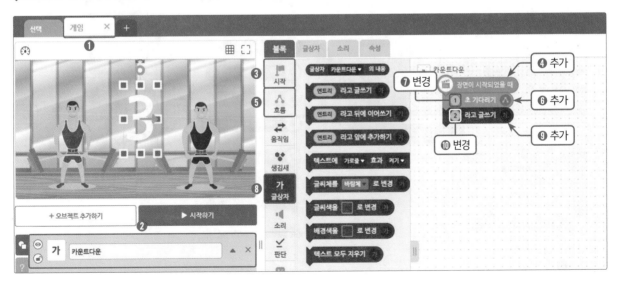

 '카운트다운' 오브젝트의 기본 값이 '3'으로 되어 있어 [게임] 장면이 시작되면 '3'이 표시되고 1초가 지나면 '2'로 변경됩니다.

❸ 텍스트가 '3'→'2'→'1'→'0'으로 표시되도록 하기 위해 위에서 마우스 오른쪽 버튼을 클릭하여 [코드 복사&붙여넣기]를 2번 반복해 실행한 후 아래에 연결합니다.

❹ 두 번째 █라고 글쓰기█의 텍스트를 '1'로, 세 번째 █라고 글쓰기█의 텍스트를 '0'으로 변경합니다.

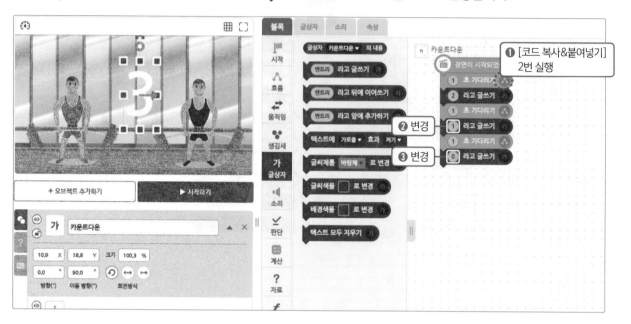

❺ '0'이 표시되고 시작 소리를 내기 위해 🔊의 █소리 호루라기2▼ 재생하기█를 연결합니다.

❻ 카운트다운 모양을 숨기고 시작 신호를 보내기 위해 🎭의 █모양 숨기기█를 연결한 후 🏁의 █🚩 시작신호▼ 신호를 받았을 때█를 연결합니다.

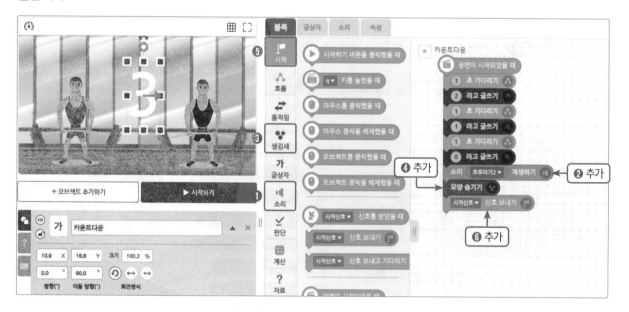

💡 예제 파일에는 '호루라기2' 소리가 미리 추가되어 있습니다.

실습파일 : 플레이어선택.ent   완성파일 : 플레이어선택(완성).ent

01 2명의 플레이어 중 원하는 플레이어를 선택했을 때 신호를 보내도록 코드를 완성해 보세요.

'달리기 준비1' 오브젝트
- ❶ 시작하기 버튼을 클릭했을 때 ➜ ❷ ❸~❻을 계속 반복하기 ➜ ❸ 크기를 '-10'만큼 바꾸기 ➜ ❹ '0.5'초 기다리기 ➜ ❺ 크기를 '10'만큼 바꾸기 ➜ ❻ '0.5'초 기다리기
- ❶ 오브젝트를 클릭했을 때 ➜ ❷ '1P선택' 신호 보내기 ➜ ❸ '캐릭터'를 '1'로 정하기

'달리기 준비2' 오브젝트
- ❶ 시작하기 버튼을 클릭했을 때 ➜ ❷ ❸~❻을 계속 반복하기 ➜ ❸ 크기를 '10'만큼 바꾸기 ➜ ❹ '0.5'초 기다리기 ➜ ❺ 크기를 '-10'만큼 바꾸기 ➜ ❻ '0.5'초 기다리기
- ❶ 오브젝트를 클릭했을 때 ➜ ❷ '2P선택' 신호 보내기 ➜ ❸ '캐릭터'를 '2'로 정하기

'시작 버튼' 오브젝트
- ❶ 오브젝트를 클릭했을 때 ➜ ❷ '다음' 장면 시작하기
- ❶ '1P선택' 신호를 받았을 때 ➜ ❷ 모양 보이기
- ❶ '2P선택' 신호를 받았을 때 ➜ ❷ 모양 보이기

 힌트

예제 파일에는 '1P선택', '2P선택' 신호와 '캐릭터' 변수가 추가되어 있습니다.

02 플레이어를 클릭하면 선택된 플레이어가 '1P'라고 표시되도록 코드를 완성해 보세요.

'1P' 오브젝트
- ❶ '1P선택' 신호를 받았을 때 ➜ ❷ x는 '-150', y는 '-70' 위치로 이동하기 ➜ ❸ 모양 보이기
- ❶ '2P선택' 신호를 받았을 때 ➜ ❷ x는 '145', y는 '58' 위치로 이동하기 ➜ ❸ 모양 보이기

'2P' 오브젝트
- ❶ '1P선택' 신호를 받았을 때 ➜ ❷ x는 '145', y는 '58' 위치로 이동하기 ➜ ❸ 모양 보이기
- ❶ '2P선택' 신호를 받았을 때 ➜ ❷ x는 '-150', y는 '-70' 위치로 이동하기 ➜ ❸ 모양 보이기

올림픽 역도 게임 만들기

16

키보드의 특정 키를 빨리 눌러 역기를 들어 올리는 역도 게임을 만들려고 합니다. 2인용 게임으로 2명의 플레이어 중 키를 빨리 누른 사람이 승리하도록 키를 누른 횟수를 변수에 저장해 비교하고 우승자를 표시하는 역도 게임을 만들어 보세요.

학습목표

▸ 키보드의 키를 눌러 역기를 들어 올리는 게임을 만들 수 있습니다.
▸ 변수를 이용해 누른 횟수를 저장할 수 있습니다.
▸ 변수 값을 비교해 게임에서 이긴 사용자를 확인할 수 있습니다.

실습파일 : 역도경기.ent   완성파일 : 역도경기(완성).ent

미션 미리보기

'S'키와 '위쪽 화살표'키를 누르면 누른 횟수를 변수에 저장하고 횟수에 따라 모양을 바꿔 역기를 들어올리는 2인용 게임입니다. 80번 이상을 먼저 누르면 장면이 바뀌면서 승리한 선수의 오브젝트가 모양을 바꾸고 소리를 냅니다.

키보드의 키를 누른 횟수에 따라 모양을 바꾸며 역기를 들어올림

먼저 역기를 들어올린 선수의 오브젝트 모양이 바뀌면서 박수 소리를 내고 이동 버튼을 누르면 게임을 처음부터 다시 시작

☑ 사용할 주요 블록

명령 블록	설명
역기들기1 ▾ 에 10 만큼 더하기 ?	선택한 변수에 입력한 값을 더합니다.
역기들기1 ▾ 값	선택한 변수의 값입니다.
역도선수1-1 모양으로 바꾸기	오브젝트의 모양을 선택한 모양으로 바꿉니다.
소리 박수갈채 ▾ 1 초 재생하기	선택한 소리를 지정한 초만큼 재생합니다.

키보드를 눌러 역기 들어올리기

❶ [실습파일]–[16차시]에 있는 '역도경기.ent'를 열고 [게임] 장면을 선택합니다. 이어서, 키를 누른 횟수를 저장할 변수를 만들기 위해 [속성] 탭–[변수]–[변수 추가하기]를 클릭한 후 '역기들기2'와 '역기들기1' 변수를 순서대로 추가하고 장면에서 보이지 않게 지정합니다.

❷ 카운트다운이 끝나고 보낸 신호를 받으면 게임을 바로 시작하기 위해 [블록] 탭을 선택하고 '역도선수1–1' 오브젝트를 선택한 후 [시작]의 (시작신호 ▾ 신호를 받았을 때)를 추가합니다.

❸ [흐름]의 [계속 반복하기]를 연결하고 [만일 참 이라면]을 반복 블록 안에 연결합니다.

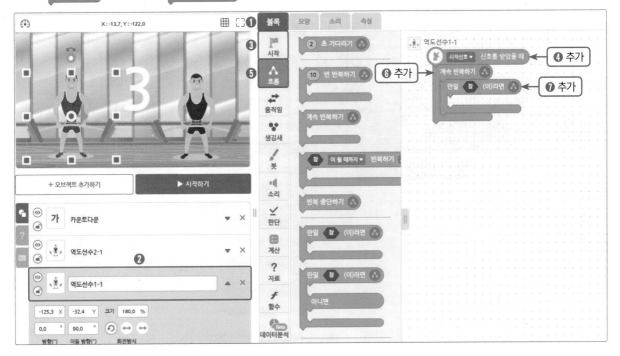

❹ 키를 누를 때마다 변수 값을 더하기 위해 의 <q▼ 키가 눌러져 있는가?>를 조건에 끼워 넣고 키를 's'로 변경합니다. 이어서, [?자료]의 <역기들기1▼ 에 10 만큼 더하기>를 조건 블록 안에 연결하고 변수 값을 '1'로 변경합니다.

's'키를 누를 때마다 변수에 '1'을 더합니다.

❺ 키를 누를 때마다 애니메이션 효과를 만들기 위해 [↔움직임]의 <x좌표를 10 만큼 바꾸기>를 2개 추가하고 x 값을 '2'와 '–2'로 변경합니다. 이어서, [∧흐름]의 <2 초 기다리기 ∧>를 2개 추가하고 초를 '0.1'로 변경합니다.

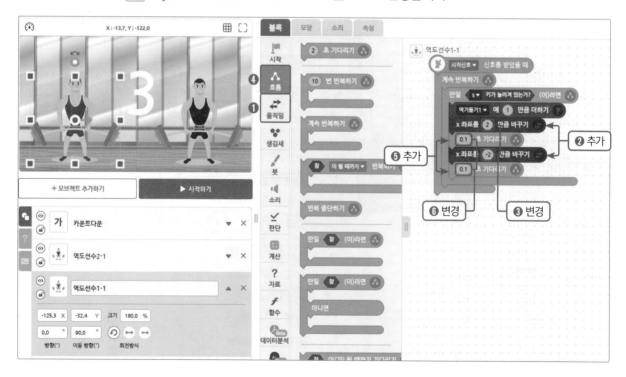

❻ 변수 값이 30보다 커지면 오브젝트의 모양을 바꾸기 위해 🔺의 조건 블록 아래에 연결하고 ✔️의 를 조건에 끼워 넣은 후 오른쪽 값을 '30'으로 변경합니다.

❼ ❓의 역기들기1 ▼ 값을 왼쪽 조건에 끼워 넣고 💠의 역도선수1-1 모양으로 바꾸기 를 조건 블록 안에 연결한 후 모양을 '역도선수1-2'로 변경합니다.

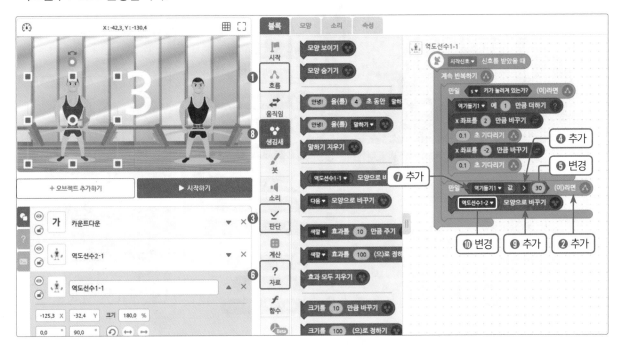

❽ 변수 값이 50보다 커지면 오브젝트의 모양을 바꾸기 위해 조건 블록 위에서 [마우스 오른쪽 버튼]-[코드 복사 & 붙여넣기]를 선택하여 연결한 후 조건 값을 '50', 모양을 '역도선수1-3'으로 변경합니다.

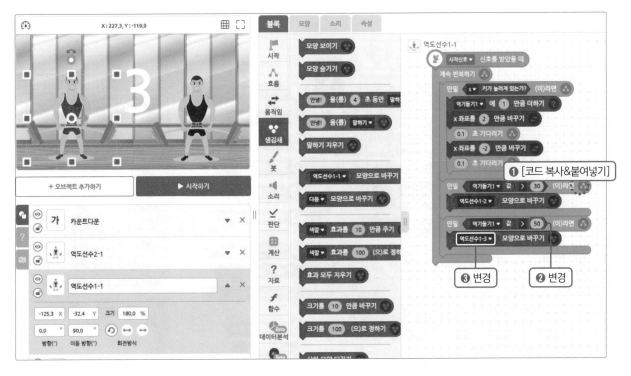

❾ 변수 값이 80보다 커지면 [결과] 장면을 시작하기 위해 조건 블록 위에서 [마우스 오른쪽 버튼]-[코드 복사 & 붙여넣기]를 선택하여 연결한 후 조건 값을 '80'으로 변경하고 역도선수1-3 ▼ 모양으로 바꾸기 🔟 블록을 삭제합니다.

❿ 시작 의 선택 ▼ 시작하기 🏴 를 조건 블록 안에 연결하고 장면을 '결과'로 변경합니다.

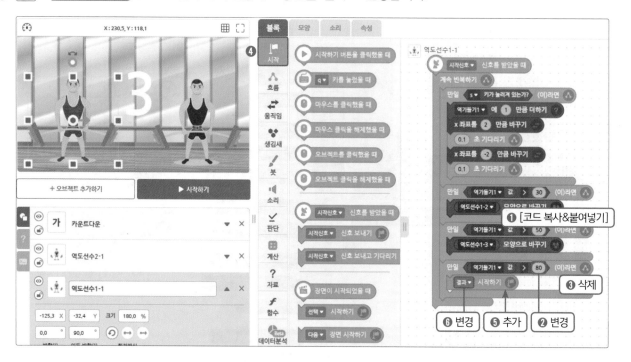

⑪ 🗨 시작신호 ▼ 신호를 받았을 때 위에서 [마 우스 오른쪽 버튼]-[코드 복사]를 선택하고 '역도선수2-1' 오브젝트를 선택한 후 [마우스 오른쪽 버튼]-[붙여넣기]를 선택합니다.

⑫ 첫 번째 조건 블록의 키를 '위쪽 화살표'로, 변수와 조건 블록 변수를 '역기들기2'로, 모양을 '역도선수2-2'와 '역도선수2-3'으로 변경합니다.

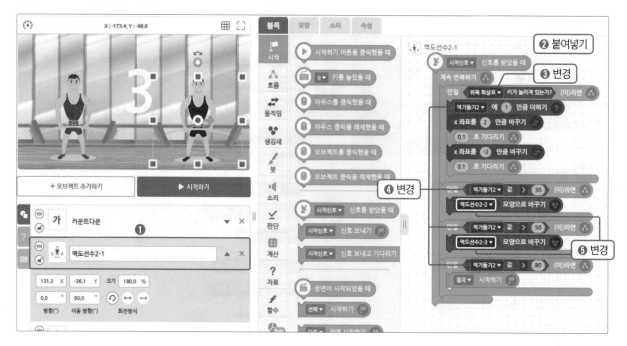

② 게임 승패 알려주기

❶ 두 명 중 먼저 80번 이상 키를 누른 사람이 누구인지 결과를 알려주기 위해 [결과] 장면을 선택하고 '역도선수3' 오브젝트를 선택한 후 [시작]의 [장면이 시작되었을때]를 추가합니다.

❷ 두 변수의 값을 비교하기 위해 [흐름]의 [만일 참 이라면]을 연결하고 [판단]의 [10 > 10]을 조건에 끼워 넣은 후 [자료]의 [역기들기1 ▼ 값]를 조건에 각각 끼워 넣습니다.

❸ '역기들기1' 변수 값이 더 클 때 승리를 기뻐하는 모양으로 변경하기 위해 [생김새]의 [역도선수1-0 ▼ 모양으로 바꾸기]를 조건 블록 안에 연결하고 모양을 '역도선수1'로 변경합니다.

❹ 박수 소리를 내기 위해 [소리]의 [소리 박수갈채 ▼ 1 초 재생하기]를 연결하고 초를 '2'로 변경합니다.

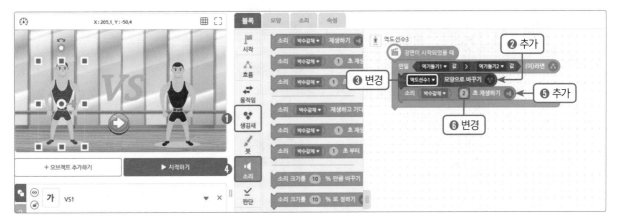

예제 파일에는 '박수갈채' 소리가 미리 추가되어 있습니다.

⑤ 장면이 시작되었을때 위에서 [마우스 오른쪽 버튼]-[코드 복사]를 선택하고 '역도선수4' 오브젝트를 선택한 후 [마우스 오른쪽 버튼]-[붙여넣기]를 선택합니다.

⑥ 조건 블록의 변수를 '역기들기2'와 '역기들기1'로 변경한 후 모양을 '역도선수2'로, 소리를 '박수갈채'로 변경합니다.

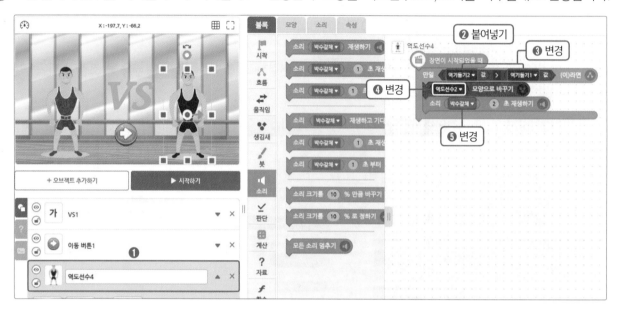

두 변수를 비교해 키를 누른 횟수가 더 많은 선수의 모양을 바꿉니다.

⑦ 버튼을 누르면 게임을 처음부터 다시 시작하기 위해 '이동 버튼1' 오브젝트를 선택하고 시작 의 오브젝트를 클릭했을 때 를 추가한 후 흐름 의 처음부터 다시 실행하기 를 연결합니다.

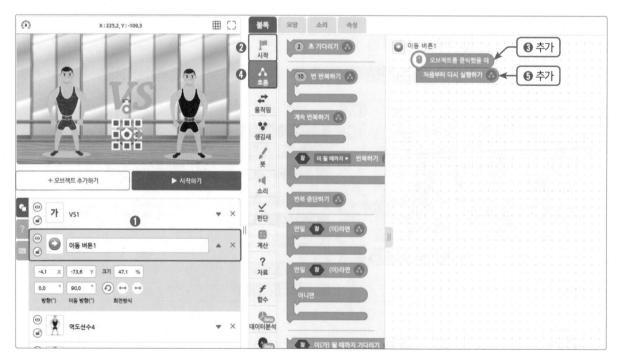

실습파일 : 멀리뛰기.ent   완성파일 : 멀리뛰기(완성).ent

01 멀리뛰기 게임을 진행하여 '1P기록'과 '2P기록'의 변수 값을 비교하여 승리한 선수 위에 '승리' 오브젝트가 표시되도록 코드를 완성해 보세요.

[승자] 장면의 '승리' 오브젝트

❶ 장면이 시작되었을 때 ➜ ❷ 만일 ➜ ❸ '1P기록' 값이 ➜ ❹ '2P기록' 값보다 ➜ ❺ 크면 ➜ ❻ x는 '-150', y는 '-70'으로 이동하기 ➜ ❼ 모양 보이기 ➜ ❷ 아니면 ➜ ❽ x는 '145', y는 '58'로 이동하기 ➜ ❾ 모양 보이기

 힌트

예제 파일에는 멀리뛰기 게임을 진행하는 코드가 [게임] 장면에 미리 추가되어 있습니다.

02 '1P기록'과 '2P기록'의 변수 값을 비교하여 이긴 선수는 크기가 커지고 진 선수는 크기가 작아지도록 코드를 완성해 애니메이션을 만들어 보세요.

'달리기준비5' 오브젝트

❶ 장면이 시작되었을 때 ➜ ❷ 만일 ➜ ❸ '1P기록' 값이 ➜ ❹ '2P기록' 값보다 ➜ ❺ 크면 ➜ ❻ ❼~❽을 '10'번 반복하기 ➜ ❼ 크기를 '10' 만큼 바꾸기 ➜ ❽ '0.1'초 기다리기 ❷ 아니면 ➜ ❾ ❿~⓫을 '10'번 반복하기 ➜ ❿ 크기를 '-10' 만큼 바꾸기 ➜ ⓫ '0.1'초 기다리기

'달리기준비6' 오브젝트

❶ 장면이 시작되었을 때 ➜ ❷ 만일 ➜ ❸ '1P기록' 값이 ➜ ❹ '2P기록' 값보다 ➜ ❺ 작으면 ➜ ❻ ❼~❽을 '10'번 반복하기 ➜ ❼ 크기를 '10' 만큼 바꾸기 ➜ ❽ '0.1'초 기다리기 ❷ 아니면 ➜ ❾ ❿~⓫을 '10'번 반복하기 ➜ ❿ 크기를 '-10' 만큼 바꾸기 ➜ ⓫ '0.1'초 기다리기

 힌트

'달리기준비5' 오브젝트의 코드를 복사해 '달리기준비6' 코드를 완성합니다.

03 원하는 선수를 선택해 2인용 멀리뛰기 게임을 진행해 보세요. 발판을 좀 더 가까기 밟는 선수가 더 멀리 뛰게 됩니다.

이동하면서 방향 움직이기

우주를 여행하는 우주선에는 우주선을 조종하는 장치와 적이 나타났을 때 미사일의 방향을 조종하는 장치가 다르겠죠? 이번 차시에서는 키보드와 마우스를 이용해 방향을 회전하거나 이동하면서 원하는 방향으로 미사일을 발사할 수 있도록 코딩해 보겠습니다.

학습목표
▸ 마우스 포인터 위치에 따라 오브젝트 방향을 변경할 수 있습니다.
▸ 큰 배경 이미지를 이용해 화면이 회전하는 것처럼 만들 수 있습니다.
▸ 마우스를 클릭할 때마다 미사일을 발사할 수 있습니다.

실습파일 : 우주선.ent   완성파일 : 우주선(완성).ent

미션 미리보기

좌-우 화살표 키를 누르면 왼쪽과 오른쪽으로 우주선이 회전하는 것처럼 보이도록 배경을 이동시키고 레이저건이 마우스 포인터가 위치한 방향으로 이동하면서 클릭할 때마다 레이저가 발사되도록 만들어 보세요.

좌-우 화살표 키를 눌렀을 때 배경을 이동

마우스 포인터 방향으로 레이저건이 회전하고 클릭하면 레이저가 발사됨

✅ 사용할 주요 블록

명령 블록	설명
레이저건 ▼ 의 방향 ▼	선택한 오브젝트의 각종 정보 값입니다.
마우스포인터 ▼ 쪽 바라보기	선택한 오브젝트나 마우스 포인터 쪽으로 해당 오브젝트를 회전합니다.
레이저건 ▼ 위치로 이동하기	선택한 오브젝트 위치로 해당 오브젝트를 이동합니다.

배경을 이동시켜 우주선이 회전하는 애니메이션 만들기

❶ [실습파일]-[17차시]에 있는 '우주선.ent'를 열고 좌-우 화살표 키를 눌러 배경을 이동시키기 위해 '우주배경' 오 브젝트를 선택한 후 ▶시작 의 ▶ 시작하기 버튼을 클릭했을 때 를 추가합니다.

❷ ∧흐름 의 계속 반복하기 ∧ 를 연결하고 만일 참 이라면 을 반복 블록 안에 연결합니다.

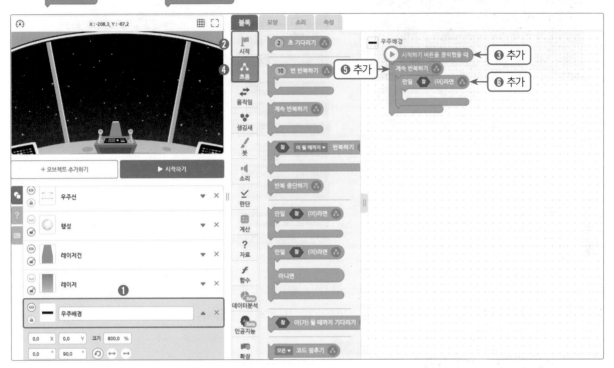

❸ 오른쪽 화살표 키를 누를 때 배경을 이동시키기 위해 ✔판단 의 q▼ 키가 눌러져 있는가? 를 조건에 끼워 넣고 키를 '오른 쪽 화살표'로 변경한 후 ∧흐름 의 만일 참 이라면 을 조건 블록 안에 연결합니다.

❹ 배경의 크기를 벗어나 이동하지 못하도록 하기 위해 ✔판단 의 10 > 10 을 조건에 끼워 넣고 오른쪽 조건을 '-400'으로 변경합니다.

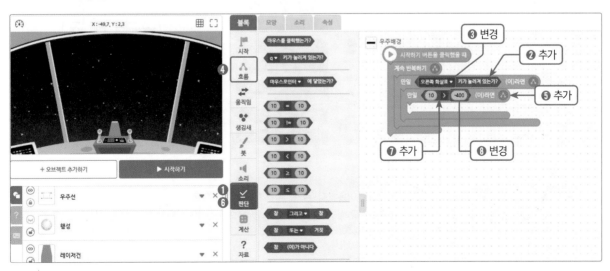

❺ '우주배경' 오브젝트의 x 좌푯값이 -400보다 크면 배경을 오른쪽으로 이동하기 위해 ⊞의
　　 유리창 ▼ 의 x 좌푯값 ▼ 을 왼쪽 조건에 끼워 넣고 오브젝트를 '우주배경'으로 변경합니다.

❻ ⇄의 **이동 방향으로 10 만큼 움직이기** 를 조건 블록 안에 연결하고 값을 '-10'으로 변경합니다.

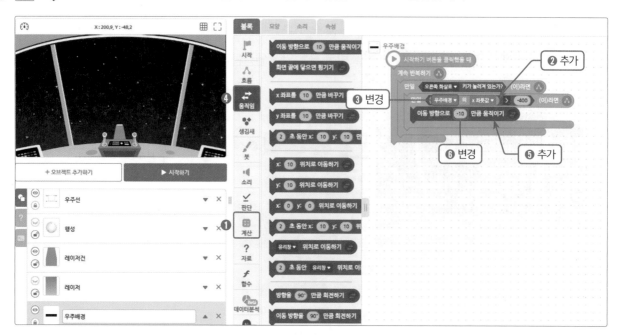

❼ 조건 블록 위에서 [마우스 오른쪽 버튼]-[코드 복사 & 붙여넣기]를 선택하고 복사된 블록을 아래에 연결한 후 키를
　　 '왼쪽 화살표', 조건 값을 '400', 부등호를 ◀, 이동 값을 '10'으로 변경합니다.

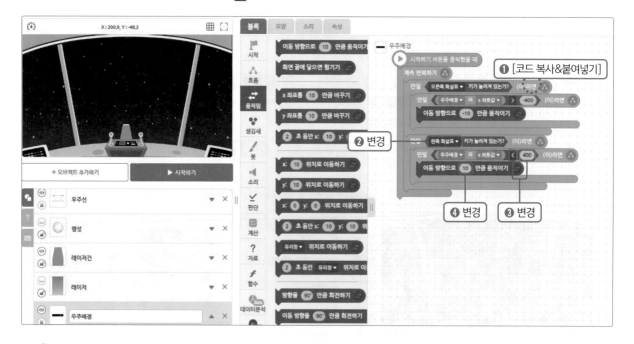

 배경 오브젝트의 크기를 벗어나면 더이상 이동하지 못하도록 하기 위해 오브젝트의 좌표 값을 제한해 특정 범위 안에서만 오브젝트를 이동시킵니다. 왼쪽과 오른쪽 화살표 키를 누르면 배경이 좌-우로 이동하여 우주선이 회전하는 것처럼 보입니다.

② 레이저건의 방향 설정하기

① 레이저건이 마우스 포인터 방향을 보도록 만들기 위해 '레이저건' 오브젝트를 선택한 후 [시작]의 ▶ 시작하기 버튼을 클릭했을 때 를 추가하고 [흐름]의 [계속 반복하기]를 연결합니다. 이어서, [움직임]의 [유리창 ▼ 쪽 바라보기]를 연결한 후 방향을 '마우스포인터'로 변경합니다.

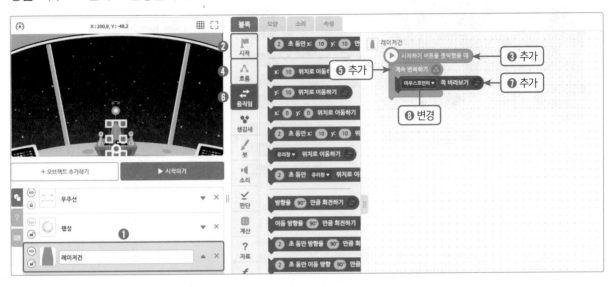

② 마우스를 클릭하면 레이저를 발사하기 위해 [흐름]의 [만일 참 이라면] 을 연결하고 [판단]의 ⟨마우스를 클릭했는가?⟩를 조건에 끼워 넣습니다.

③ [움직임]의 [이동 방향으로 10 만큼 움직이기] 를 조건 블록 안에 연결하고 값을 '-2'로 변경한 후 [소리]의 [소리 전자신호음2 ▼ 1 초 재생하기] 를 연결합니다.

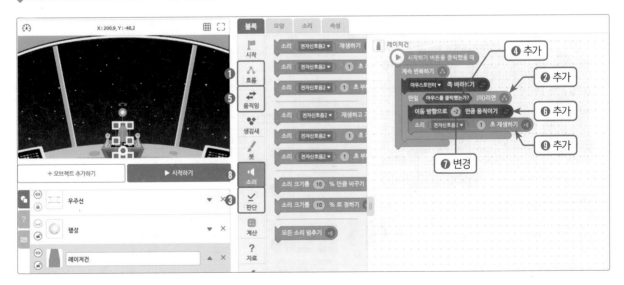

 예제 파일에는 '전자신호음2' 소리가 미리 추가되어 있습니다.

④ 마우스를 클릭했을 때 '레이저' 오브젝트의 복제본을 만들기 위해 [흐름]의 [자신▼ 의 복제본 만들기]를 연결하고 대상을 '레이저'로 변경합니다.

⑤ 레이저를 발사할 때 움직이는 효과를 주기 위해 [흐름]의 [2 초 기다리기]를 연결하고 초를 '0.2'로 변경한 후 [움직임]의 [이동 방향으로 10 만큼 움직이기]를 연결하고 값을 '2'로 변경합니다.

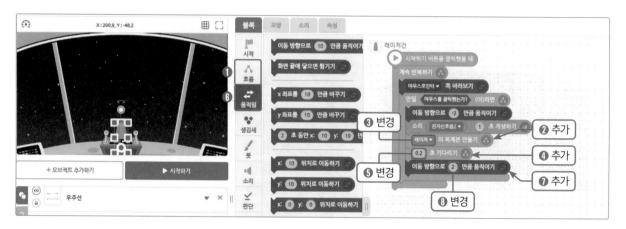

③ 레이저 발사하기

① 레이저가 발사되도록 만들기 위해 먼저 '레이저' 오브젝트를 선택하고 [흐름]의 [복제본이 처음 생성되었을때]를 추가한 후 [움직임]의 [유리창▼ 위치로 이동하기]를 연결하고 위치를 '레이저건'으로 변경합니다.

② 발사되는 각도를 지정하기 위해 [방향을 90° (으)로 정하기]를 연결하고 [계산]의 [유리창▼ 의 x좌푯값▼]을 각도에 끼워 넣은 후 오브젝트를 '레이저건', 정보를 '방향'으로 변경합니다.

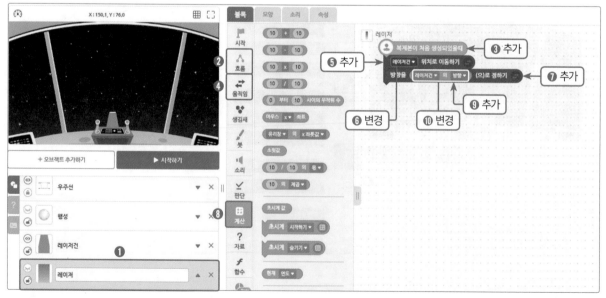

 '레이저건' 오브젝트에서 마우스를 클릭했을 때 '레이저' 오브젝트의 복제본을 만들었습니다.

❸ 발사된 레이저가 입체적으로 보이도록 만들기 위해 [생김새]의 [모양 보이기]를 연결하고 [흐름]의 [계속 반복하기]를 연결합니다.

❹ [움직임]의 [이동 방향으로 10 만큼 움직이기]를 반복 블록 안에 연결하고 값을 '5'로 변경한 후 [생김새]의 [크기를 10 만큼 바꾸기]를 연결하고 값을 '-0.3'으로 변경합니다.

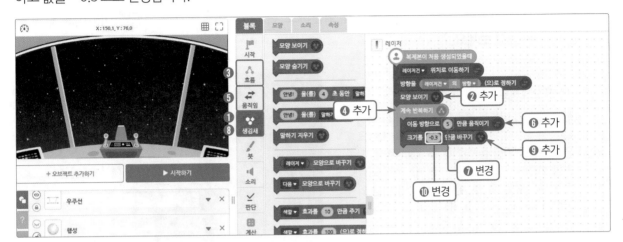

'레이저' 오브젝트는 장면에 보이지 않도록 설정되어 있습니다.

❺ 레이저가 '벽'에 닿거나 '행성'에 닿으면 없어지도록 만들기 위해 [흐름]의 [만일 참 이라면]을 연결하고 [판단]의 [참 또는▼ 거짓]을 조건에 끼워 넣습니다. 이어서, [마우스포인터▼ 에 닿았는가?]를 조건에 각각 끼워 넣고 대상을 '벽'과 '행성'으로 변경합니다.

❻ [흐름]의 [2 초 기다리기]를 조건 블록 안에 연결하고 초를 '0.1'로 변경한 후 [생김새]의 [모양 숨기기]와 [흐름]의 [이 복제본 삭제하기]를 연결합니다.

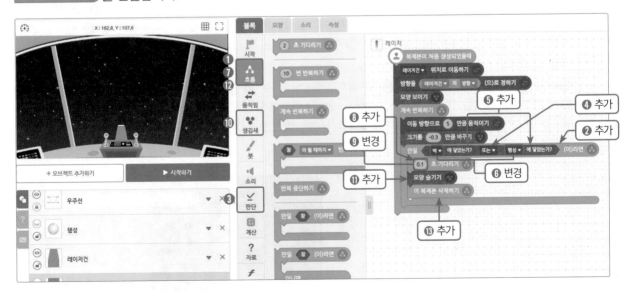

다음 차시에서 '행성'을 맞추는 게임을 개발하기 위해 '행성'에 닿았을 때도 사라지도록 코딩합니다.

실습파일 : 탱크 이동.ent   **완성파일 :** 탱크 이동(완성).ent

01 좌-우 화살표키를 누르면 탱크가 회전하고 위-아래 화살표키를 누르면 이동하도록 코드를
완성해 보세요.

'탱크' 오브젝트

❶ 시작하기 버튼을 클릭했을 때 ➜ ❷ ❸~
❹를 계속 반복하기 ➜ ❸ 만일 ➜ ❹ '오
른쪽 화살표'키를 눌렀을 때 ➜ ❺ 방향을 '1'
만큼 회전하기 ➜ ❻ 만일 ➜ ❼ '왼쪽 화살
표'키를 눌렀을 때 ➜ ❽ 방향을 '-1'만큼 회
전하기 ➜ ❾ 만일 ➜ ❿ '위쪽 화살표'키를
눌렀을 때 ➜ ⓫ 이동 방향으로 '1'만큼 움직
이기 ➜ ⓬ 만일 ➜ ⓭ '아래쪽 화살표'키를
눌렀을 때 ➜ ⓮ 이동 방향으로 '-1'만큼 움
직이기

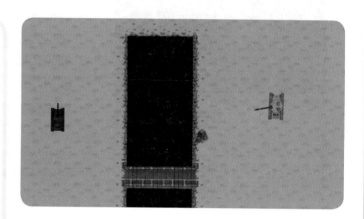

02 마우스 포인터 방향으로 '포' 방향이 회전되고 클릭하면 포 방향으로 '폭탄'이 발사되도록
코드를 완성해 보세요.

'포' 오브젝트

❶ 시작하기 버튼을 클릭했을 때 ➜ ❷ ❸~⓫을 계속 반복하기 ➜ ❸ '탱크' 위치로 이동하기 ➜ ❹ '마우스포인터'
쪽 바라보기 ➜ ❺ 만일 ➜ ❻ 마우스를 클릭했는가? ➜ ❼ 이동 방향으로 '-2'만큼 움직이기 ➜ ❽ '탱크 포화 소
리'를 '1'초 재생하기 ➜ ❾ '폭탄'의 복제본 만들기 ➜ ❿ '0.2'초 기다리기 ➜ ⓫ 이동 방향으로 '2'만큼 움직이기

'폭탄' 오브젝트

❶ 복제본이 처음 생성되었을 때 ➜ ❷ '포' 위치로 이동하기 ➜ ❸ 방향을 ➜ ❹ '포'의 '방향' ❸으로 정하기 ➜
❺ 모양 보이기 ➜ ❻ ❼~⓮를 계속 반복하기 ➜ ❼ 이동 방향으로 '5'만큼 움직이기 ➜ ❽ 만일 ➜ ❾ '벽'에
닿았는가? ➜ ❿ 또는 ➜ ⓫ '적탱크'에 닿았는가? ➜ ⓬ 0.1초 기다리기 ➜ ⓭ 모양 숨기기 ➜ ⓮ 이 복제본
삭제하기

 힌트

예제 파일에는 '탱크 포화 소리'가 미리 추가되어
있습니다.

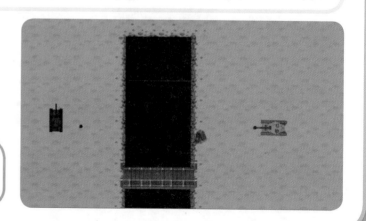

우주 전쟁 게임 만들기

18

행성이 지구에 충돌하는 것을 막기 위해 레이저를 쏴서 행성을 폭발시키는 게임을 만들어 보겠습니다. 행성이 우주선에 부딪히면 생명이 줄어들고 생명이 0이 되면 우주선이 폭발하면서 게임이 종료됩니다.

▸ 변수의 값에 따라 게임을 종료할 수 있습니다.
▸ 변수를 이용해 점수를 누적할 수 있습니다.
▸ 오브젝트가 점점 다가오는 듯한 애니메이션을 만들 수 있습니다.

실습파일 : 지구를 지켜라.ent　　　**완성파일** : 지구를 지켜라(완성).ent

미션 미리보기

임의의 위치에서 행성이 나타나 우주선 방향으로 점점 다가오고 레이저를 발사해 행성과 닿으면 점수가 올라갑니다. 행성이 우주선에 부딪혀 생명이 줄어들어 0이 되면 모든 코드가 종료되면서 유리창이 깨지는 화면으로 바뀝니다.

✅ 사용할 주요 블록

명령 블록	설명
0 부터 10 사이의 무작위 수	입력한 두 수 사이의 무작위 수를 추출합니다.
점수 ▼ 에 10 만큼 더하기 ?	선택한 변수에 입력한 값을 더합니다.
대상없음 ▼ 신호 보내기 🏳	선택한 신호를 보냅니다.

우주선으로 행성 날아오기

❶ [실습파일]–[18차시]에 있는 '지구를 지켜라.ent'를 열고 [속성] 탭–[신호]–[신호 추가하기]를 클릭해 '게임끝' 신호를 추가합니다.

❷ [속성] 탭–[변수]–[변수 추가하기]를 클릭해 '생명'과 '점수' 변수를 추가하고 '생명' 변수의 기본값을 '3'으로 지정합니다.

❸ 행성을 임의의 위치로 이동해 복제하기 위해 '행성' 오브젝트를 선택하고 [블록] 탭에서 [시작] 의 [시작하기 버튼을 클릭했을 때]를 추가한 후 [흐름] 의 [계속 반복하기]를 연결합니다.

❹ [2 초 기다리기]를 반복 블록 안에 연결하고 [계산] 의 [0 부터 10 사이의 무작위 수]를 초에 끼워 넣은 후 '2'초에서 '5'초 사이로 입력하고 [흐름] 의 [자신▼ 의 복제본 만들기]를 연결합니다.

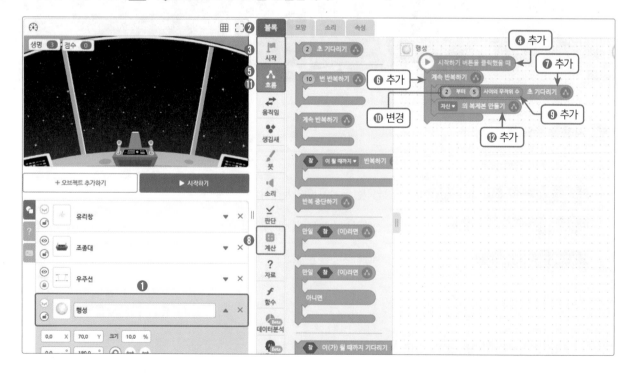

❺ 복제본이 만들어지면 임의의 위치에서 행성이 '조종대'를 바라보도록 만들기 위해 🔵 복제본이 처음 생성되었을때 를 추가하고 🎨 의 모양 보이기 🎨 를 연결한 후 🔄 의 x: 10 위치로 이동하기 🔄 를 연결합니다.

❻ 🧮 의 0 부터 10 사이의 무작위 수 를 x좌표에 끼워 넣고 '-400'부터 '400'으로 변경한 후 🔄 의 유리창▼ 쪽 바라보기 를 연결하고 방향을 '조종대'로 변경합니다.

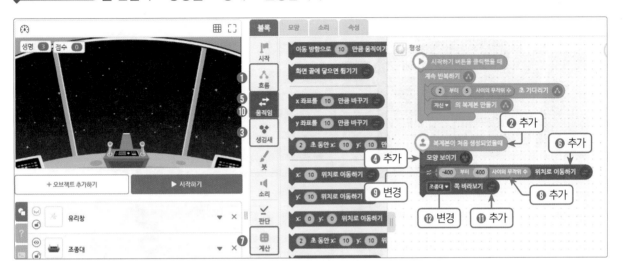

 예제 파일에서는 '행성' 오브젝트가 장면에 보이지 않도록 설정되어 있습니다.

❼ '행성'이 '조종대' 쪽으로 이동하면서 다가오는 모양을 만들기 위해 🔁 의 계속 반복하기 🔁 를 연결하고 🔄 의 이동 방향으로 10 만큼 움직이기 를 반복 블록 안에 연결한 후 값을 '0.5'로 변경합니다.

❽ 🎨 의 크기를 10 만큼 바꾸기 🎨 를 연결하고 값을 '0.3'으로 변경합니다.

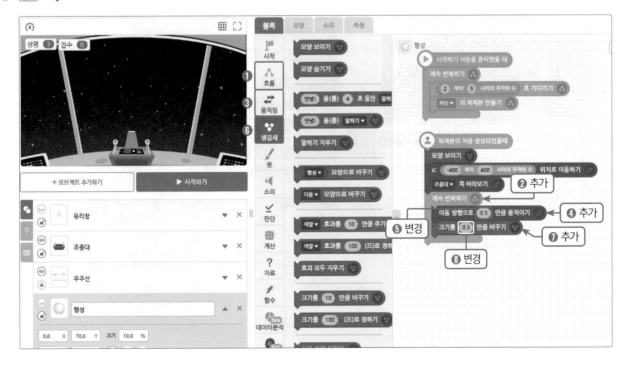

❾ '레이저'에 닿으면 '점수'가 추가되고 복제본을 삭제하기 위해 의 만일 참 이라면 을 연결하고 의 마우스포인터▼ 에 닿았는가?를 조건에 끼워 넣은 후 대상을 '레이저'로 변경합니다.

❿ 의 이동 방향으로 10 만큼 움직이기 를 연결하고 값을 '-1'로 변경합니다. 이어서, 의 점수▼ 에 10 만큼 더하기 를 연결하고 변수 값을 '1'로 변경한 후 의 이 복제본 삭제하기 를 연결합니다.

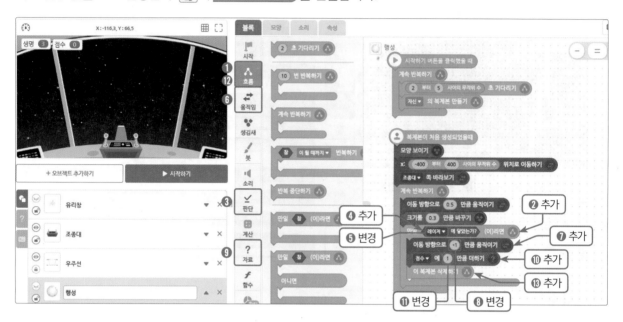

⓫ 조종대에 닿으면 '생명' 변수 값을 줄이기 위해 조건 블록 위에서 [마우스 오른쪽 버튼]-[코드 복사 & 붙여넣기]를 선택하고 아래에 연결한 후 대상을 '조종대', 변수를 '생명', 값을 '-1'로 변경합니다.

⓬ 부딪힌 효과를 주기 위해 의 소리 천둥▼ 1 초 재생하기 을 조건 블록에 추가한 후 초를 '1'로 변경합니다.

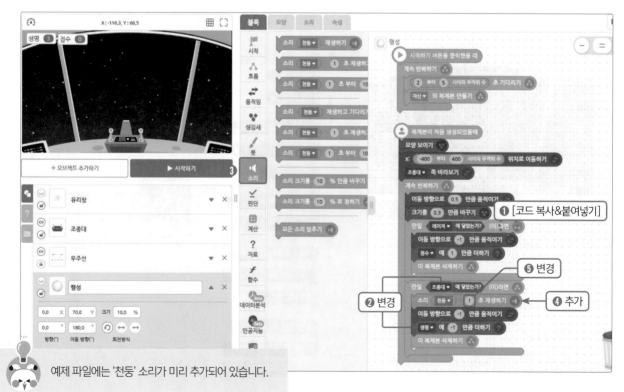

예제 파일에는 '천둥' 소리가 미리 추가되어 있습니다.

② 생명을 다하면 게임 종료하기

① '행성'과 부딪혀 '생명'이 '0'이 되면 게임을 종료하기 위해 '조종대' 오브젝트를 선택하고 [시작]의
를 추가한 후 [흐름]의 <계속 반복하기>와 <만일 참 이러면>을 연결합니다.

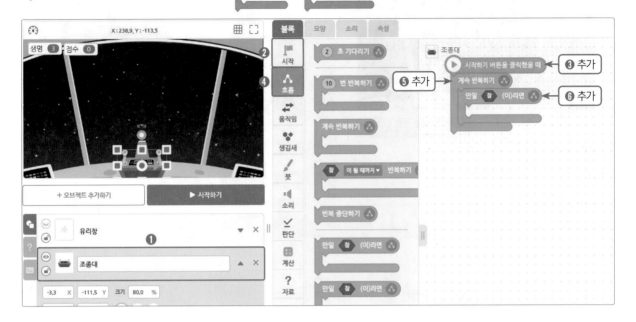

② 생명의 개수가 '0'인지 확인하기 위해 [판단]의 <10 = 10>을 조건 안에 끼워 넣고 왼쪽 조건에는 [자료]의
<점수 ▼ 값>을 끼워 넣은 후 변수를 '생명'으로 변경합니다. 이어서, 오른쪽 조건에는 '0'을 입력한 후 [흐름]의
<모든 복제본 삭제하기>를 조건 블록 안에 연결합니다.

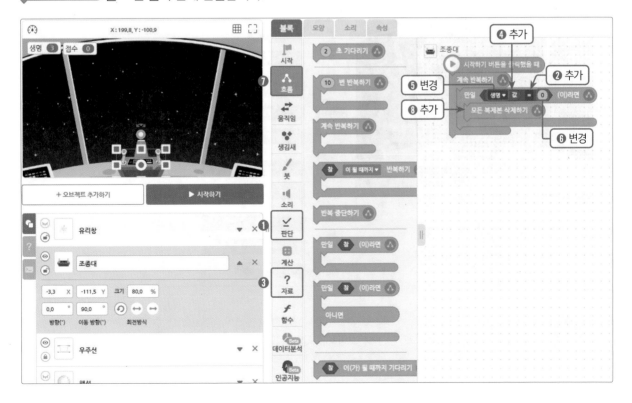

❸ 게임이 종료되었다는 효과를 주고 코드를 멈추기 위해 의 ◀소리 자동차 사고▼ 재생하기 ◀ 를 연결합니다.

❹ 🏳의 게임끝▼ 신호 보내기 🏳를 연결하고 ⋀의 모든▼ 코드 멈추기 ⋀를 연결합니다.

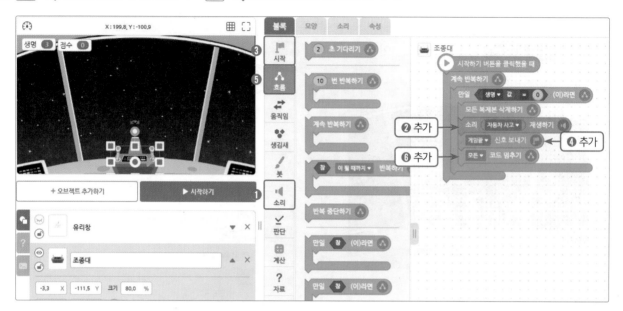

예제 파일에는 '자동차 사고' 소리가 미리 추가되어 있습니다.

❺ '생명' 변수 값이 '0'이 되면 우주선의 유리창이 깨진 모양으로 바뀌도록 만들기 위해 '유리창' 오브젝트를 선택한 후
🏳의 게임끝▼ 신호를 받았을 때 를 추가하고 ❂의 모양 보이기 를 연결합니다.

예제 파일에는 '유리창' 오브젝트가 장면에서 보이지 않도록 설정되어 있습니다.

실습파일 : 탱크 전투 게임.ent   완성파일 : 탱크 전투 게임(완성).ent

01 '적폭탄'에 닿으면 '생명' 변수 값이 '1'씩 줄어들고 '0'이 되면 모든 코드가 멈추도록 코드를 완성해 보세요.

'탱크' 오브젝트

❶ 시작하기 버튼을 클릭했을 때 ➡ ❷ ❸~❷를 계속 반복하기 ➡ ❸ 만일 ➡ ❹ '생명' 값이 ➡ ❺ '0' 과 같으면 ➡ ❻ '게임끝' 신호 보내기 ➡ ❼ 모든 복제본 삭제하기 ➡ ❽ '모든' 코드 멈추기 ➡ ❾ 만일 ➡ ❿ '적폭탄'에 닿았다면 ➡ ⓫ x 좌표를 '3'만큼 바꾸기 ➡ ⓬ '생명' 에 '-1'만큼 더하기

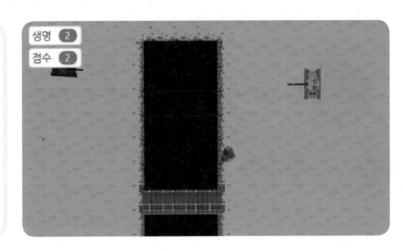

예제 파일에는 '게임끝' 신호와 '점수', '생명' 변수가 추가되어 있으며 '생명' 변수의 기본값은 '3'으로 지정되어 있습니다.

02 '게임끝' 신호를 받으면 "Game Over" 글자가 표시되도록 코드를 완성해 보세요.

'미션' 오브젝트

❶ '게임끝' 신호를 받으면 ➡ ❷ 모양 보이기 ➡ ❸ "Game Over" 라고 글쓰기

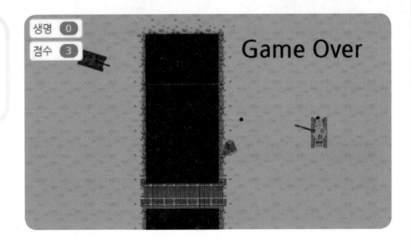

예제 파일에는 적 탱크가 우리 탱크 방향으로 대포를 임의의 초마다 발사하고 우리가 발사한 폭탄에 닿으면 사라진 후 임의의 위치에서 다시 나타나도록 코딩되어 있습니다.

오브젝트 위치에 따라 배경 움직이기

19

RPG 게임을 보면 캐릭터가 큰 지도를 이동하면서 아이템을 획득하거나 싸움을 하도록 만들어져 있습니다. 엔트리에서도 큰 지도를 캐릭터의 위치에 따라 이동하여 보여줄 수 있습니다. 이번 차시에서는 RPG 게임의 기본이 되는 배경 이동을 함께 알아보겠습니다.

학습목표
▹ 오브젝트의 위치에 따라 장면의 배경이 바뀌도록 만들 수 있습니다.
▹ 벽에 닿으면 이동할 수 없도록 만들 수 있습니다.
▹ 오브젝트가 이동하면서 돌아다니는 RPG 게임 배경을 만들 수 있습니다.

실습파일 : 큰 배경 이동하기.ent　　**완성파일** : 큰 배경 이동하기(완성).ent

미션 미리보기

캐릭터가 벽으로 되어 있는 맵을 지나지 못하도록 하고 두 개의 맵이 연결되어 있는 것처럼 특정 위치에 캐릭터가 닿으면 지도가 이동되도록 만들어 보세요.

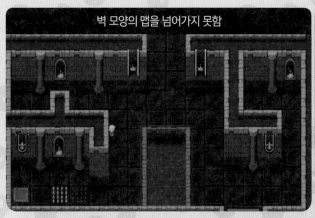
벽 모양의 맵을 넘어가지 못함

특정 위치에 닿으면 맵이 이동하여 다른 배경을 보여줌

✅ 사용할 주요 블록

명령 블록	설명
마우스포인터▾ 에 닿았는가?	해당 오브젝트가 선택한 항목에 닿았는지 판단합니다.
대상없음▾ 신호 보내기	선택한 신호를 보냅니다.
2 초 동안 x: 10 y: 10 위치로 이동하기	해당 오브젝트가 지정한 시간 동안 입력한 위치로 이동합니다.

1 벽 모양 지도에서는 이동하지 못하도록 만들기

❶ [실습파일]–[19차시]에 있는 '큰 배경 이동하기.ent'를 열고 맵의 이동에 필요한 신호를 만들기 위해 [속성] 탭–[신호]–[신호 추가하기]를 클릭해 '맵 아래로 이동'과 '맵 위로 이동' 신호를 추가합니다.

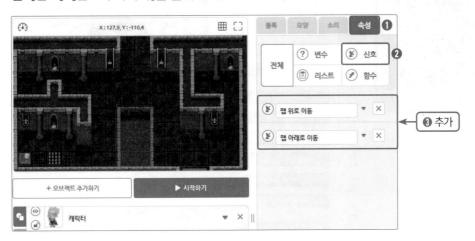

❷ 캐릭터가 벽으로 되어 있는 '맵' 오브젝트를 지나가지 못하도록 만들기 위해 [블록] 탭을 선택하고 '캐릭터' 오브젝트를 선택합니다. 이어서, 시작의 ▶ 시작하기 버튼을 클릭했을 때를 추가하고 흐름의 계속 반복하기 를 연결합니다.

❸ 만일 참 이라면 을 반복 블록 안에 연결하고 판단의 참 또는▼ 거짓 을 조건 안에 끼워 넣습니다.

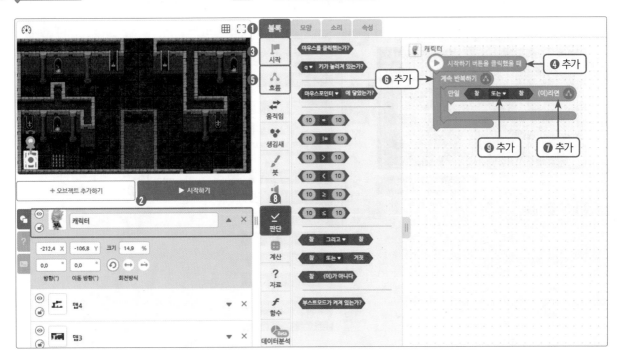

▸ 예제 파일에는 화살표 키를 누르면 '캐릭터' 오브젝트가 모양을 바꿔가며 이동하는 코드가 미리 작성되어 있습니다.
▸ 벽 모양의 맵은 '맵1'과 '맵3' 오브젝트이므로 '또는' 블록을 추가합니다.

④ 판단 의 마우스포인터▼ 에 닿았는가? 를 조건의 왼쪽과 오른쪽에 각각 끼워 넣고 대상을 왼쪽은 '맵1', 오른쪽은 '맵2'로 변경합니다. 이어서, 움직임 의 이동 방향으로 10 만큼 움직이기 를 조건 블록 안에 연결하고 값을 '-1'로 변경합니다.

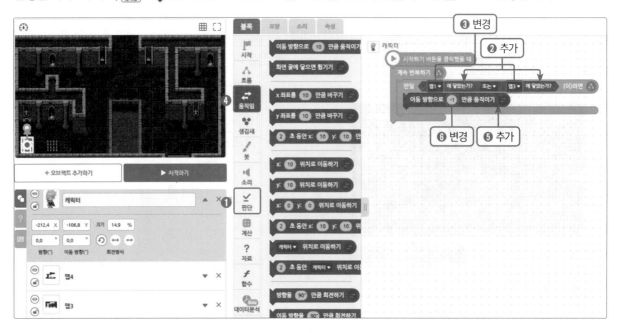

⑤ 위쪽 벽에 닿으면 캐릭터를 지정한 위치로 이동시키기 위해 흐름 의 만일 참 이라면 을 연결하고 판단 의 마우스포인터▼ 에 닿았는가? 를 조건에 끼워 넣은 후 대상을 '위쪽 벽'으로 변경합니다.

⑥ 움직임 의 x: 0 y: 0 위치로 이동하기 를 조건 블록 안에 연결하고 x는 '7', y는 '-115'로 변경합니다.

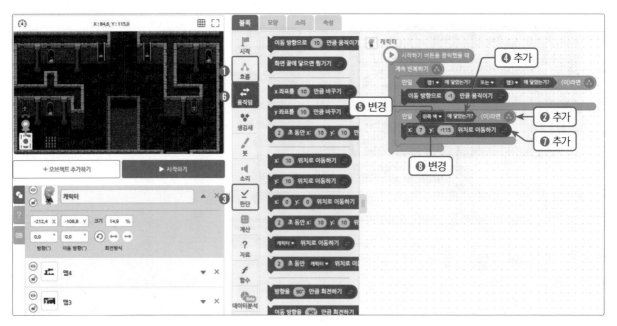

 맵은 벽으로 둘러 쌓여 있으므로 위쪽 벽에 닿으면 맵이 아래쪽으로 이동하도록 만듭니다. 맵이 이동되면 캐릭터도 맵에 맞추어 아래쪽으로 이동시키는 코드입니다.

⑦ 맵 이동을 위해 '캐릭터' 오브젝트를 숨기고 맵 이동 신호를 보내기 위해 [생김새]의 [모양 숨기기]를 연결하고 [시작]의 [맵 위로 이동 ▼ 신호 보내기]를 연결한 후 신호를 '맵 아래로 이동'으로 변경합니다.

⑧ 맵 이동이 끝나면 오브젝트를 다시 보이게 만들기 위해 [흐름]의 [2 초 기다리기]를 연결하고 [생김새]의 [모양 보이기]를 연결합니다.

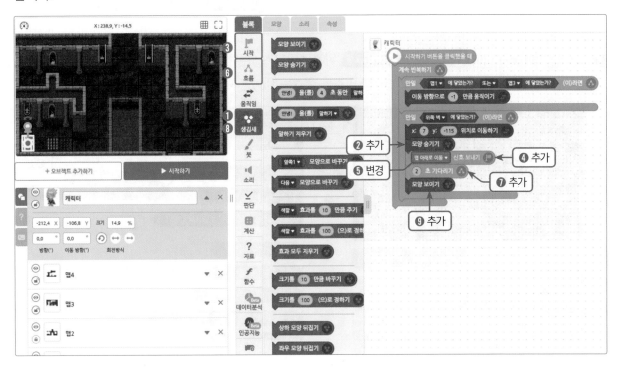

⑨ 조건 블록 위에서 [마우스 오른쪽 버튼]-[코드 복사 & 붙여넣기]를 선택하고 아래쪽에 연결한 후 대상을 '아래쪽 벽', 위치를 x는 '7', y는 '115', 신호를 '맵 위로 이동'으로 변경합니다.

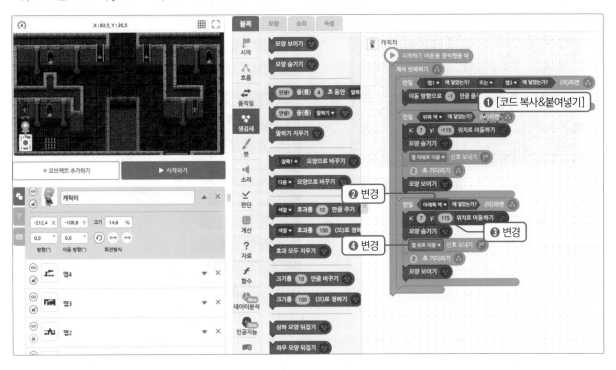

② 신호를 받으면 맵 이동시키기

① 이동 신호의 방향에 따라 맵을 이동시키기 위해 '맵1' 오브젝트를 선택하고 시작 의 ⟨ 맵 위로 이동 ▼ 신호를 받았을 때 ⟩를 추가한 후 신호를 '맵 아래로 이동'으로 변경합니다. 이어서, 움직임 의 ⟨ 2 초 동안 x: 10 y: 10 위치로 이동하기 ⟩를 연결하고 x는 '0', y는 '-270'으로 변경합니다.

② 코드를 복사하기 위해 ⟨ 맵 아래로 이동 ▼ 신호를 받았을 때 ⟩ 위에서 마우스 오른쪽 버튼을 클릭하여 [코드 복사 & 붙여넣기]를 선택한 후 신호를 '맵 위로 이동'으로 변경하고 초를 '2', x는 '0', y는 '0'으로 변경합니다.

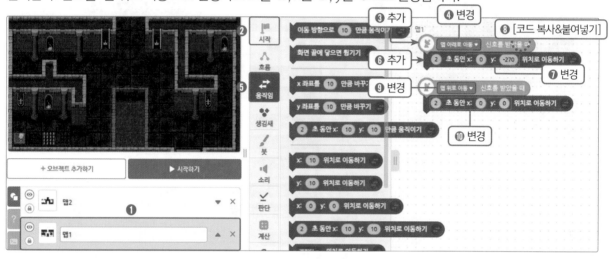

③ 모든 블록을 마우스 오른쪽 버튼을 클릭하여 [코드 복사]를 선택하고 '맵2', '맵3', '맵4'에 붙여 넣습니다.

④ '맵3'과 '맵4'의 '맵 아래로 이동' 신호를 받았을 때는 x 값을 '0', y 값을 '0'으로 변경하고 '맵 위로 이동' 신호를 받았을 때는 x 값을 '0', y 값을 '270'으로 변경합니다.

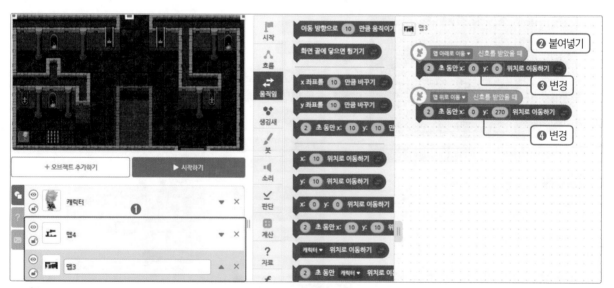

'맵1'과 '맵2'는 현재 장면에 보이는 맵이며, '맵3'과 '맵4'는 장면 위쪽에 안 보이도록 배치되어 있는 맵입니다. '맵1'과 '맵2'가 보이는 상태에서 캐릭터가 위쪽의 벽에 닿으면 '맵3'과 '맵4'가 아래로 이동해 장면에 보이고 아래쪽 벽에 닿으면 위로 이동해 '맵1'과 '맵2'가 보이게 됩니다.

혼자서 미션 해결하기

실습파일 : 배경 움직이기.ent   완성파일 : 배경 움직이기(완성).ent

 초시계 값이 10보다 크면 배경을 '-135' 만큼 아래로 이동하고 20보다 크면 하늘 배경이 완전히 보이도록 코드를 완성해 보세요.

'배경1' 오브젝트

❶ 시작하기 버튼을 클릭했을 때 ➜ ❷ 초시계 '시작하기' ➜ ❸ ❹~⓬를 계속 반복하기 ➜ ❹ 만일 ➜ ❺ 초시계 값이 ➜ ❻ '10'보다 크면 ➜ ❼ '2'초 동안 x는 '0', y는 '-135' 위치로 이동하기 ➜ ❽ 만일 ➜ ❾ 초시계 값이 ➜ ❿ '20'보다 크면 ➜ ⓫ '2'초 동안 x는 '0', y는 '-270' 위치로 이동하기 ➜ ⓬ '이' 코드 멈추기

'배경2' 오브젝트

❶ 시작하기 버튼을 클릭했을 때 ➜ ❷ ❸~⓫을 계속 반복하기 ➜ ❸ 만일 ➜ ❹ 초시계 값이 ➜ ❺ '10'보다 크면 ➜ ❻ '2'초 동안 x는 '0', y는 '135' 위치로 이동하기 ➜ ❼ 만일 ➜ ❽ 초시계 값이 ➜ ❾ '20'보다 크면 ➜ ❿ '2'초 동안 x는 '0', y는 '0' 위치로 이동하기 ➜ ⓫ '이' 코드 멈추기

힌트

예제 파일의 '섬' 오브젝트에는 임의의 위치에서 복제하여 나타나 아래로 이동하는 코드가 미리 작성되어 있습니다.

 좌-우 화살표 키를 누르면 '고릴라'가 왼쪽과 오른쪽으로 이동하고 섬에 닿으면 섬 위로 이동하고 닿지 않으면 아래로 떨어지도록 코드를 완성해 보세요.

'고릴라1' 오브젝트

❶ 시작하기 버튼을 클릭했을 때 ➜ ❷ x는 '0', y는 '180' 위치로 이동하기 ➜ ❸ '1'초 기다리기 ➜ ❹ ❺~⓮을 계속 반복하기 ➜ ❺ y 좌표를 '-2'만큼 바꾸기 ➜ ❻ 만일 ➜ ❼ '섬'에 닿았다면 ➜ ❽ y 좌표를 '3'만큼 바꾸기 ➜ ❾ 만일 ➜ ❿ '오른쪽 화살표' 키가 눌렸다면 ➜ ⓫ x 좌표를 '2'만큼 바꾸기 ➜ ⓬ 만일 ➜ ⓭ '왼쪽 화살표' 키가 눌렸다면 ➜ ⓮ x 좌표를 '-2'만큼 바꾸기

힌트

예제 파일에는 '점프' 변수가 만들어져 있으며, 스페이스 키를 누르면 고릴라가 점프하는 코드가 추가되어 있습니다.

RPG 게임 만들기

20

RPG 게임을 하다보면 아이템들을 획득하는 조건들이 있습니다. 이번 차시에서는 열쇠 아이템 2개를 모두 획득해야만 보물 아이템을 획득할 수 있는 조건을 만들어 RPG 게임을 완성해 보겠습니다.

학습
목표

▸ 움직이는 배경을 이용해 캐릭터가 돌아다니는 RPG 게임을 만들 수 있습니다.

▸ 배경에 따라 아이템을 감추거나 보이게 할 수 있습니다.

▸ 조건에 맞았을 때만 최종 아이템을 획득할 수 있도록 만들 수 있습니다.

실습파일 : RPG 게임 만들기.ent **완성파일** : RPG 게임 만들기(완성).ent

미션 미리보기

위-아래 배경이 이동할 때마다 아이템들을 숨기거나 표시하며, 변수를 이용해 2개의 열쇠를 모두 획득한 후에 보물 아이템을 획득할 수 있도록 코딩합니다.

배경의 위치에 따라 열쇠 아이템을 숨기거나 표시

2개의 열쇠를 모두 획득하면 보물 아이템을 얻을 수 있음

☑ 사용할 주요 블록

명령 블록	설명
참 그리고▾ 참	두 조건이 모두 참일 경우에 참이 됩니다.
색깔▾ 효과를 10 만큼 주기	오브젝트에 선택한 효과를 지정한 값만큼 적용합니다.
대상없음▾ 신호를 받았을 때	선택한 신호를 받았을 때 연결된 블록을 실행합니다.

1 맵 이동에 따라 오브젝트 표시하기

❶ [실습파일]–[20차시]에 있는 'RPG 게임 만들기.ent'를 열고 아이템을 획득했는지 확인할 변수를 만들기 위해 [속성] 탭–[변수]–[변수 추가하기]를 클릭해 '열쇠1'과 '열쇠2' 변수를 추가한 후 ◉를 클릭해 장면에서 감춥니다.

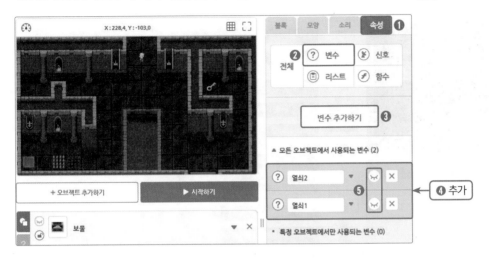

❷ 캐릭터가 아이템을 획득했을 때의 조건을 만들기 위해 [블록] 탭을 선택하고 '열쇠1' 오브젝트를 선택합니다.

❸ 📗 의 ▶ 시작하기 버튼을 클릭했을 때 를 추가하고 🔁 의 계속 반복하기 ⚡ 를 연결한 후 만일 참 (이)라면 을 반복 블록 안에 연결합니다.

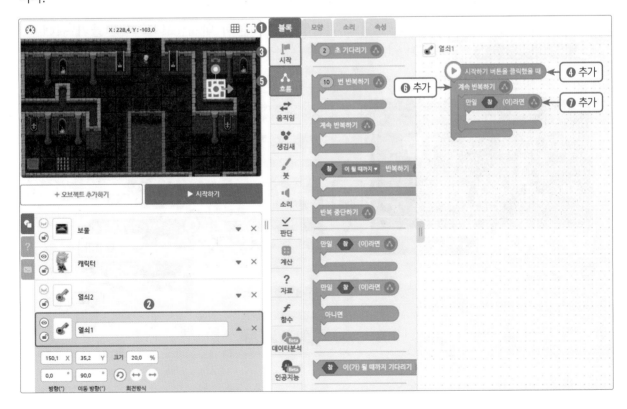

❹ '열쇠1'이 '캐릭터'에 닿으면 모양을 감추면서 아이템을 획득한 것을 변수에 저장하기 위해 <kbd>판단</kbd>의 <kbd>마우스포인터▾ 에 닿았는가?</kbd>를 조건에 끼워 넣은 후 대상을 '캐릭터'로 변경합니다.

❺ <kbd>?
자료</kbd>의 <kbd>열쇠2▾ 를 10 (으)로 정하기</kbd>를 조건 블록 안에 연결하고 변수를 '열쇠1', 값을 '1'로 변경한 후 <kbd>생김새</kbd>의 <kbd>모양 숨기기</kbd>를 연결합니다.

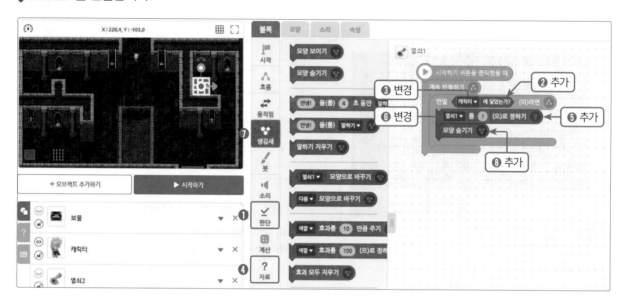

❻ '캐릭터'가 위쪽 벽에 닿아 맵이 아래로 이동되면 아이템을 숨기기 위해 <kbd>시작</kbd>의 <kbd>맵 위로 이동▾ 신호를 받았을 때</kbd>를 추가하고 신호를 '맵 아래로 이동'으로 변경한 후 <kbd>생김새</kbd>의 <kbd>모양 숨기기</kbd>를 연결합니다.

❼ '캐릭터'가 아래쪽 벽에 닿아 맵이 위로 이동되면 아이템이 다시 보이도록 만들기 위해 <kbd>시작</kbd>의 <kbd>맵 위로 이동▾ 신호를 받았을 때</kbd>를 추가하고 <kbd>흐름</kbd>의 <kbd>만일 참 이라면</kbd>을 연결합니다.

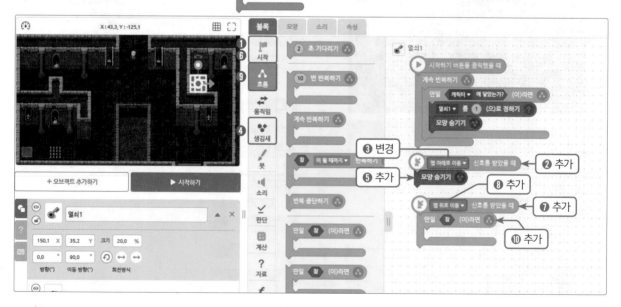

 현재 장면에 위치한 아이템의 경우 위쪽에 배치된 맵('맵3'과 '맵4')이 보이면 숨겨졌다가 다시 현재 맵이 장면에 보이면 나타나도록 코딩합니다.

⑧ 캐릭터가 아이템을 획득하지 않았을 때만 보이도록 만들기 위해 [판단]의 〈 10 = 10 〉을 조건에 끼워 넣고 [자료]의
[열쇠2 ▼ 값]을 왼쪽 조건에 끼워 넣은 후 '열쇠1'로 변경하고 오른쪽 값을 '0'으로 변경합니다.

⑨ 조건 블록 안에 [흐름]의 [2 초 기다리기 ∧]를 연결하고 [생김새]의 [모양 숨기기 ✿]를 연결합니다.

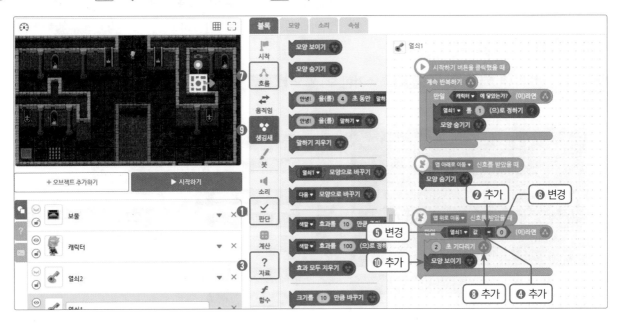

⑩ '열쇠1' 오브젝트의 모든 블록을 '열쇠2' 오브젝트에 복사해 붙여 넣고 변수는 모두 '열쇠2', '맵 위로 이동' 신호는
'맵 아래로 이동', '맵 아래로 이동' 신호는 '맵 위로 이동' 신호로 변경합니다.

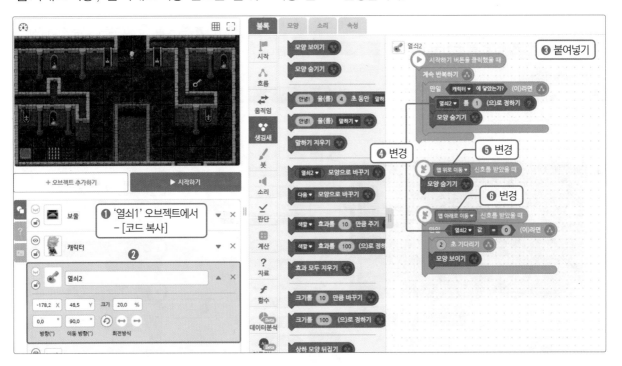

 '열쇠2' 오브젝트는 장면 위쪽의 맵 위에 배치되어 있으므로 맵의 이동 신호에 연결된 블록들은 '열쇠1' 오브젝트와 서로 반대로
감춰지고 보이게 됩니다.

② 보물 아이템 획득하기

❶ 보물 아이템도 맵의 이동에 따라 보이고 감춰지도록 하기 위해 '보물' 오브젝트를 선택하고 [시작]의 `맵 위로 이동 ▼ 신호를 받았을 때`를 추가한 후 신호를 '맵 아래로 이동'으로 변경하고 [흐름]의 `2 초 기다리기`와 [생김새]의 `모양 보이기`를 연결합니다.

❷ 이어서, [시작]의 `맵 위로 이동 ▼ 신호를 받았을 때`를 추가한 후 [생김새]의 `모양 숨기기`를 연결합니다.

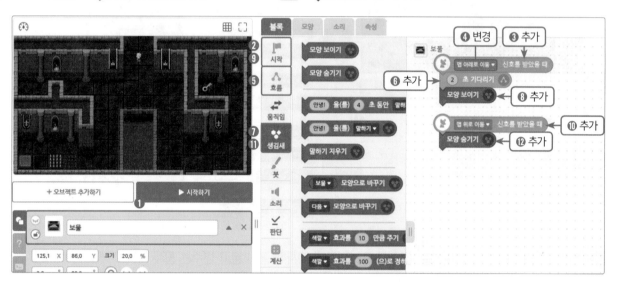

❸ '캐릭터'가 '열쇠1'과 '열쇠2' 아이템을 모두 획득했을 때만 '보물' 아이템을 획득할 수 있도록 만들기 위해 [시작]의 `시작하기 버튼을 클릭했을 때`를 추가하고 [흐름]의 `계속 반복하기`를 연결합니다.

❹ `만일 참 이라면`을 반복 블록 안에 연결하고 [판단]의 `마우스포인터 ▼ 에 닿았는가?`를 조건 안에 끼워 넣은 후 대상을 '캐릭터'로 변경 합니다.

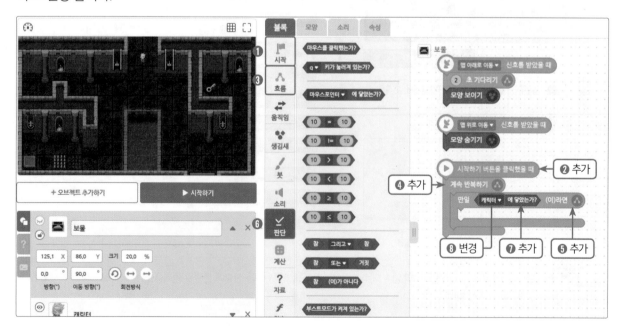

❺ '열쇠1'과 '열쇠2' 아이템을 모두 획득했는지 확인하기 위해 [호름]의 ⌐만일 참 이라면 ⌐ 을 연결하고 [판단]의 ⟨ 참 그리고▾ 참 ⟩를 조건에 끼워 넣습니다.

❻ ⟨ 10 = 10 ⟩을 왼쪽과 오른쪽 조건에 각각 끼워 넣은 후 [?자료]의 ⟨ 열쇠2▾ 값 ⟩를 왼쪽 값에 각각 끼워 넣고 변수를 '열쇠1'과 '열쇠2'로 변경합니다. 이어서, 오른쪽 값을 모두 '1'로 변경합니다.

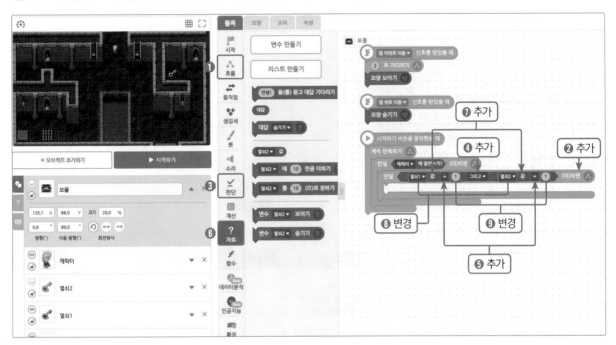

❼ 두 개의 '열쇠' 아이템을 모두 획득하고 '보물'에 '캐릭터'가 닿았을 때 애니메이션 효과를 만들기 위해 [호름]의 ⟨ 10 번 반복하기 ⟩를 조건 블록 안에 연결하고 [생김새]의 ⟨ 크기를 10 만큼 바꾸기 ⟩와 ⟨ 색깔▾ 효과를 10 만큼 주기 ⟩를 연결합니다.

❽ [호름]의 ⟨ 2 초 기다리기 ⟩를 연결하고 초를 '0.1'초로 변경한 후 ⟨ 모든▾ 코드 멈추기 ⟩를 조건 블록 아래에 연결합니다.

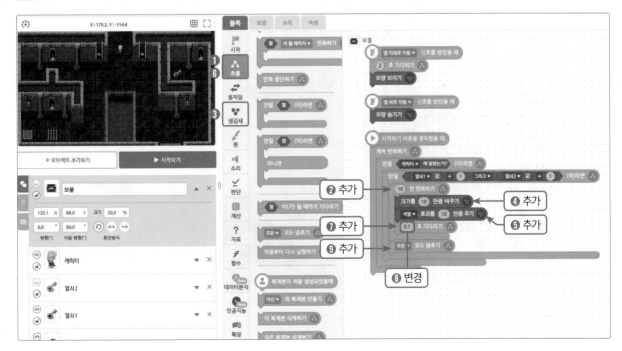

실습파일 : 점프게임만들기.ent   완성파일 : 점프게임만들기(완성).ent

01 '동전표시' 신호를 받으면 섬이 위치한 곳에 동전을 표시하고 섬과 함께 아래로 이동하며, '고릴라'가 '동전'에 닿으면 '점수'가 '1'점씩 올라가도록 코드를 완성해 보세요.

'동전' 오브젝트

- ❶ '동전표시' 신호를 받았을 때 ➜ ❷ '자신'의 복제본 만들기

- ❶ 복제본이 처음 생성되었을 때 ➜ ❷ 모양 보이기 ➜ ❸ x는 ➜ ❹ '섬위치' 값 ❸ y는 '180' 위치로 이동하기 ➜ ❺ '아래쪽 벽'에 닿았는가? ➜ ❻ 이 될 때까지 ❼~⓬를 반복하기 ➜ ❼ y 좌표를 '-1'만큼 바꾸기 ➜ ❽ '0.01' 초 기다리기 ➜ ❾ 만일 ➜ ❿ '고릴라1'에 닿았는가? ➜ ⓫ '점수'에 '1'만큼 더하기 ➜ ⓬ 이 복제본 삭제하기 ➜ ⓭ 이 복제본 삭제하기

 힌트

- 예제 파일에는 '동전표시' 신호와 '점수', '섬위치' 변수가 미리 만들어져 있습니다.
- 예제 파일에는 '섬' 오브젝트에 '동전'을 표시할 것인지 신호를 보내는 코드와 '섬위치' 변수에 섬의 x좌표 값을 저장하는 코드가 만들어져 있습니다.

02 '고릴라'가 아래쪽 벽에 닿으면 다른 코드들을 멈추고 미션을 실패해 억울해 하는 애니메이션이 나오도록 코드를 완성해 보세요.

'고릴라1' 오브젝트

❶ 시작하기 버튼을 클릭했을 때 ➜ ❷ ❸~⓭을 계속 반복하기 ➜ ❸ 만일 ➜ ❹ '아래쪽 벽'에 닿았는가? ➜ ❺ '다른 오브젝트의' 코드 멈추기 ➜ ❻ '자신의 다른' 코드 멈추기 ➜ ❼ y는 '-150' 위치로 이동하기 ➜ ❽ ❾~❿을 '10'번 반복하기 ➜ ❾ 크기를 '10'만큼 바꾸기 ➜ ❿ '0.1'초 기다리기 ➜ ⓫ '고릴라3' 모양으로 바꾸기 ➜ ⓬ '1'초 기다리기 ➜ ⓭ '고릴라4' 모양으로 바꾸기

21 자동으로 계단 만들기

게임을 하다 보면 계단이나 장애물 등이 자동으로 움직이면서 만들어지는 것을 본 적이 있을 거예요. 이번 차시에서는 계단을 밟으면서 이동하는 게임을 만들기 위해 원하는 위치에 자동으로 계단이 만들어지도록 만들어 보세요.

학습
목표

▸ 지정한 위치에 오브젝트가 복제되도록 할 수 있습니다.
▸ 게임을 처음부터 다시 시작할 수 있습니다.
▸ 게임이 시작됐을 때 캐릭터가 등장하는 장면을 만들 수 있습니다.

실습파일 : 자동돌다리만들기.ent   **완성파일** : 자동돌다리만들기(완성).ent

미션 미리보기

지정한 위치에 '벽돌' 오브젝트가 복제되어 계단이 자동으로 만들어지고 계단을 밟으면서 캐릭터가 이동하도록 코드를 완성해 보세요.

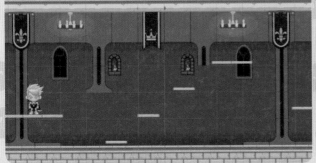

게임이 시작되면 벽돌 계단이 자동으로 복제되고 처음 위치에서 게임 시작

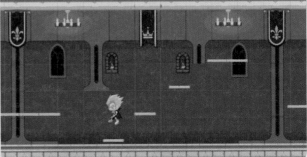

계단을 이동하다 아래쪽 벽에 닿으면 처음 위치에서 다시 시작

✓ 사용할 주요 블록

명령 블록	설명
자신▾ 의 복제본 만들기	자신의 복제본을 만듭니다.
x: 0 y: 0 위치로 이동하기	지정한 x와 y 좌표로 오브젝트를 이동합니다.
처음부터 다시 실행하기	작품을 처음부터 다시 실행합니다.

① 자동으로 만들어지는 계단

❶ [실습파일]-[21차시]에 있는 '자동돌다리만들기.ent'를 열고 벽돌을 원하는 곳으로 이동시키기 위해 '벽돌' 오브젝트를 선택합니다. 이어서, 시작 의 ▶ 시작하기 버튼을 클릭했을 때 를 추가한 후 움직임 의 x: 0 y: 0 위치로 이동하기 를 연결하고 x는 '-225', y는 '-60'으로 변경합니다.

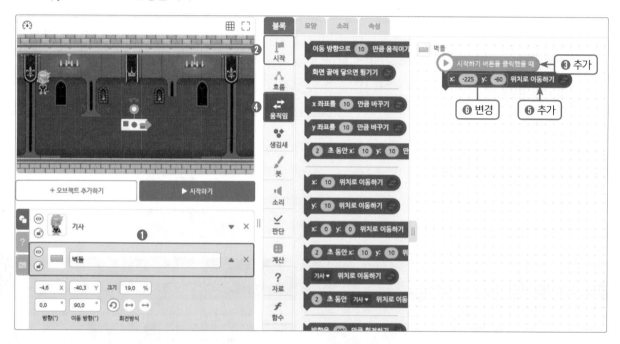

❷ '벽돌' 오브젝트를 이동하면서 복제하기 위해 호름 의 10 번 반복하기 를 연결하고 횟수를 '3'으로 변경한 후 자신 ▼ 의 복제본 만들기 와 움직임 의 x 좌표를 10 만큼 바꾸기 를 반복 블록 안에 연결하고 x를 '30'으로 변경합니다.

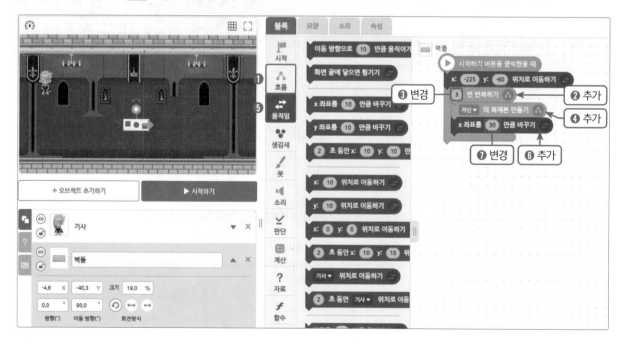

시작하기 버튼을 클릭했을 때 복제되는 '벽돌' 오브젝트 위치

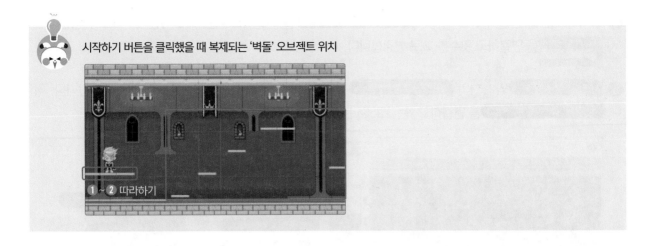

1~2 따라하기

❸ 오브젝트를 이동하면서 복제하기 위해 `x: 0 y: 0 위치로 이동하기` 를 연결하고 x를 '-65', y를 '-100'으로 변경한 후 `흐름`의 `자신▼ 의 복제본 만들기` 를 연결합니다.

❹ `x: -65 y: -100 위치로 이동하기` 위에서 [마우스 오른쪽 버튼]-[코드 복사 & 붙여넣기]를 2번 반복하여 블록을 연결합니다. 이어서, 첫 번째 이동 블록의 x를 '-15', y를 '-60'으로, 두 번째 이동 블록의 x를 '40', y를 '-20'으로 변경합니다.

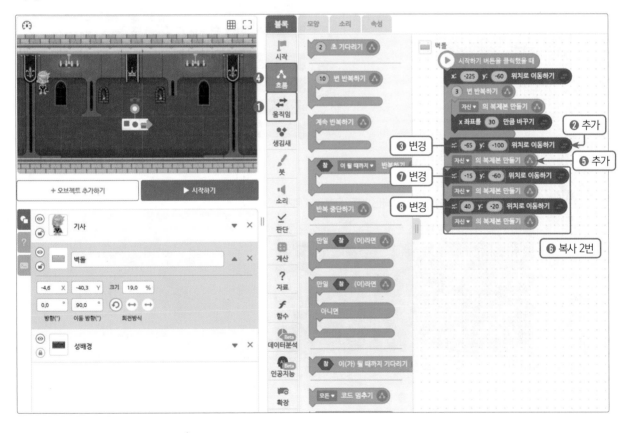

❺ 마지막 계단을 만들기 위해 [움직임]의 [x: 0 y: 0 위치로 이동하기]를 연결하고 x는 '100', y는 '20'으로 변경한 후 [흐름]의
[10 번 반복하기 ∧]를 연결하고 횟수를 '2'로 변경합니다.

❻ [자신▼ 의 복제본 만들기 ∧]와 [움직임]의 [x좌표를 10 만큼 바꾸기]를 반복 블록 안에 연결하고 x를 '30'으로 변경합니다. 이어서,
[x: 0 y: 0 위치로 이동하기]를 연결하고 x는 '225', y는 '−50'으로 변경합니다.

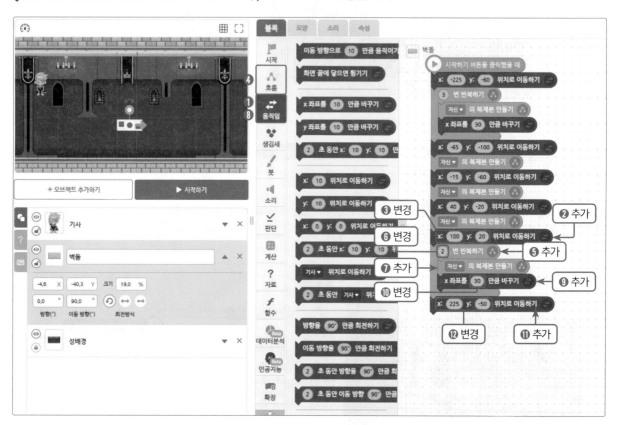

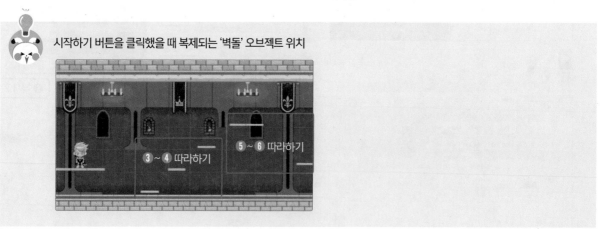

시작하기 버튼을 클릭했을 때 복제되는 '벽돌' 오브젝트 위치

2 캐릭터 점프하고 떨어지기

❶ 캐릭터가 시작 위치의 '벽돌' 오브젝트로 떨어지는 모양을 만들기 위해 '기사' 오브젝트를 선택하고 [시작]의 [▶ 시작하기 버튼을 클릭했을 때]를 추가한 후 [흐름]의 [계속 반복하기]를 연결합니다.

❷ [참 이 될 때까지 ▾ 반복하기]를 반복 블록 안에 연결한 후 [판단]의 [마우스포인터 ▾ 에 닿았는가?]를 조건에 끼워 넣고 대상을 '벽돌'로 변경합니다.

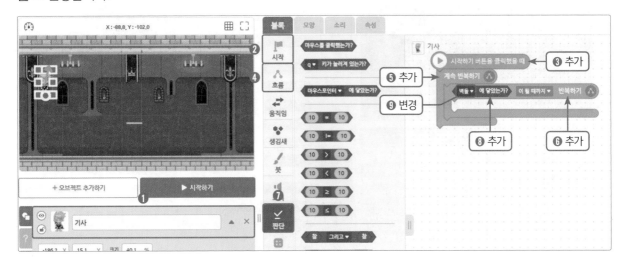

❸ 아래쪽으로 '기사' 오브젝트가 이동되고 아래쪽 벽에 닿으면 게임을 다시 시작하기 위해 [움직임]의 [y 좌표를 10 만큼 바꾸기]를 조건 안에 연결하고 값을 '-1'로 변경한 후 [흐름]의 [만일 참 이라면]을 연결합니다.

❹ [판단]의 [마우스포인터 ▾ 에 닿았는가?]를 조건에 끼워 넣고 대상을 '아래쪽 벽'으로 변경한 후 [흐름]의 [처음부터 다시 실행하기]를 조건 블록 안에 연결합니다.

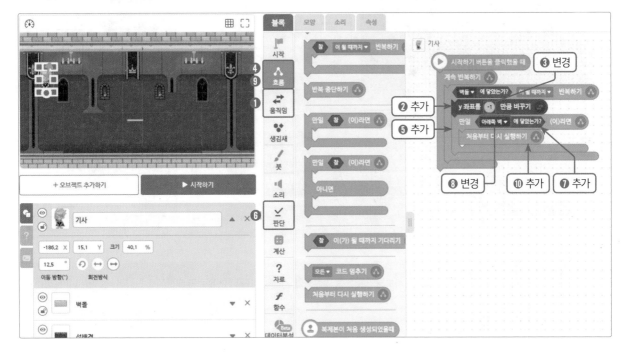

❺ 키보드의 Space Bar 를 누르면 점프를 하도록 만들기 위해 [시작]의 ▶ 시작하기 버튼을 클릭했을 때 를 추가한 후 [흐름]의 계속 반복하기 ∧ 를 연결합니다.

❻ 만일 참 이라면 ∧ 을 반복 블록 안에 연결한 후 [판단]의 ◀ q ▼ 키가 눌러져 있는가? 를 조건에 끼워 넣고 키를 '스페이스'로 변경합니다.

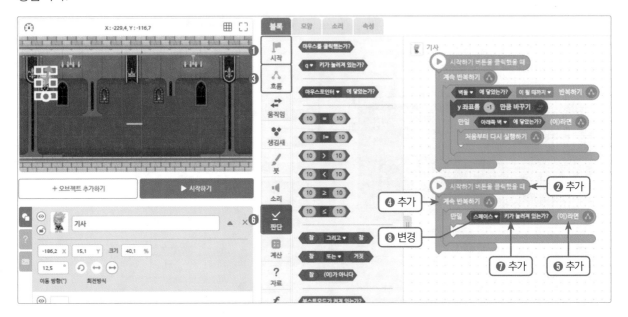

❼ [움직임]의 y 좌표를 10 만큼 바꾸기 를 조건 블록 안에 연결하고 [흐름]의 2 초 기다리기 ∧ 를 연결한 후 초를 '0.01'로 변경합니다.

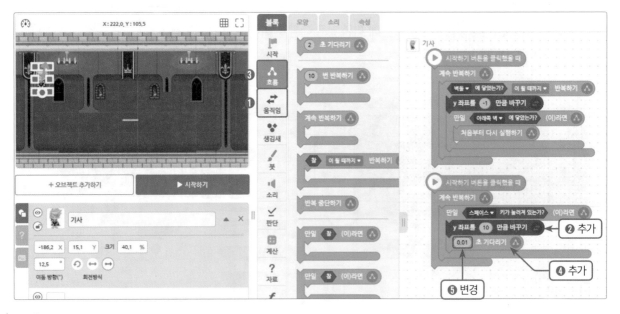

 예제 파일의 '기사' 오브젝트에는 키보드의 오른쪽 화살표와 왼쪽 화살표 키를 누르면 오브젝트 모양이 바뀌면서 이동하는 코드가 작성되어 있습니다.

실습파일 : 사다리 오르기.ent   완성파일 : 사다리 오르기(완성).ent

01 '캐릭터1' 오브젝트가 사다리를 타고 위와 아래로 이동하도록 코드를 완성해 보세요.

'캐릭터' 오브젝트

❶ 시작하기 버튼을 클릭했을 때 ➡ ❷ ❸~⓰을 계속 반복하기 ➡ ❸ 만일 ➡ ❹ '위쪽 화살표'키가 눌러져 있는가? ➡ ❺ 그리고 ➡ ❻ '사다리1'에 닿았는가? ➡ ❼ 또는 ➡ ❽ '사다리2'에 닿았는가? ➡ ❾ 위로이동 ➡ ❿ 만일 ➡ ⓫ '아래쪽 화살표'키가 눌러져 있는가? ➡ ⓬ 그리고 ➡ ⓭ '사다리1'에 닿았는가? ➡ ⓮ 또는 ➡ ⓯ '사다리2'에 닿았는가? ➡ ⓰ '아래로이동'

💡 **힌트**

• 예제 파일에는 위로 이동하고 아래로 이동하는 동작의 함수가 미리 완성되어 있습니다. [함수] 블록 꾸러미의 '위로이동'과 '아래로이동' 함수를 추가해 코드를 완성해 보세요.
• 예제 파일에는 왼쪽과 오른쪽으로 이동하는 코드가 작성되어 있습니다.

02 바닥과 발판에 있을 때 Space Bar 를 누르면 점프를 하고 닿지 않았을 때 추락하도록 코드를 완성해 보세요.

'캐릭터' 오브젝트

❶ 시작하기 버튼을 클릭했을 때 ➡ ❷ ❸~㉔를 계속 반복하기 ➡ ❸ 만일 ➡ ❹ '벽'에 닿았는가? ➡ ❺ 이동 방향으로 '-5'만큼 움직이기 ➡ ❻ 만일 ➡ ❼ '스페이스'키가 눌러져 있는가? ➡ ❽ 점프 ➡ ❾ 만일 ➡ ❿ '바닥'에 닿았는가? ➡ ⓫ 또는 ➡ ⓬ '발판1'에 닿았는가? ➡ ⓭ 또는 ➡ ⓮ '발판2'에 닿았는가? ➡ ⓯ 또는 ➡ ⓰ '발판3'에 닿았는가? ➡ ⓱ 또는 ➡ ⓲ '발판4'에 닿았는가? ➡ ⓳ 또는 ➡ ⓴ '사다리1'에 닿았는가? ➡ ㉑ 또는 ➡ ㉒ '사다리2'에 닿았는가? ➡ ㉓ 가 아니라면 ➡ ㉔ 추락

💡 **힌트**

예제 파일에는 Space Bar 를 누르면 점프하는 동작의 함수와 '바닥'과 '발판' 오브젝트에 닿지 않았을 때 추락하는 동작의 함수가 미리 완성되어 있습니다. '점프'와 '추락' 함수를 추가해 코드를 완성해 보세요.

보석 모으기 게임 만들기

자동으로 계단을 만들고 캐릭터가 계단을 점프하여 이동할 수 있게 만들었다면 보석 아이템을 원하는 위치에 표시하고 장면에 표시된 모든 보석을 획득하면 게임이 종료되도록 코드를 완성해 보세요.

> 학습 목표
▸ 오브젝트를 원하는 위치에 복제할 수 있습니다.
▸ 아이템을 획득한 횟수로 게임을 끝낼 수 있습니다.
▸ 복제본과 오브젝트가 닿았는지에 따라 복제본을 삭제할 수 있습니다.

실습파일 : 보석 모으기.ent   완성파일 : 보석 모으기(완성).ent

미션 미리보기

보석이 지정된 위치에 자동으로 복제되고 변수를 활용해 보석을 모두 획득하면 게임이 끝나도록 코드를 완성해 보세요.

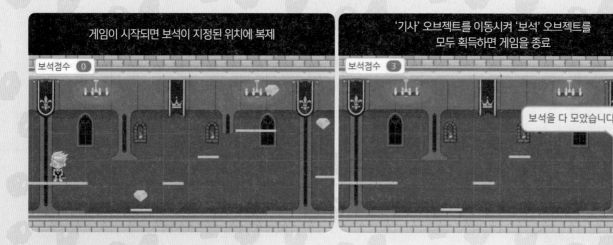

✓ 사용할 주요 블록

명령 블록	설명
자신▾ 의 복제본 만들기	자신의 복제본을 만듭니다.
이 복제본 삭제하기	이 복제본을 삭제합니다.
x: 0 y: 0 위치로 이동하기	지정한 x와 y 좌표로 오브젝트를 이동합니다.

1 보석을 원하는 위치에 복제하기

① [실습파일]-[22차시]에 있는 '보석 모으기.ent'를 열고 보석을 획득한 횟수를 저장할 변수를 만들기 위해 [속성] 탭-[변수]-[변수 추가하기]를 클릭해 '보석점수' 변수를 추가합니다.

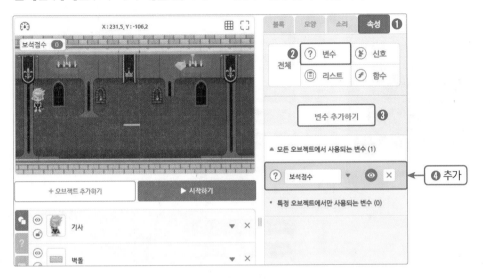

② '보석' 오브젝트의 복제본을 만들기 위해 '보석' 오브젝트를 선택한 후 시작 의 시작하기 버튼을 클릭했을 때 를 추가합니다. 이어서, 움직임 의 x: 0 y: 0 위치로 이동하기 를 연결한 후 x는 '-66', y는 '-80'으로 변경하고 흐름 의 자신▼ 의 복제본 만들기 를 연결합니다.

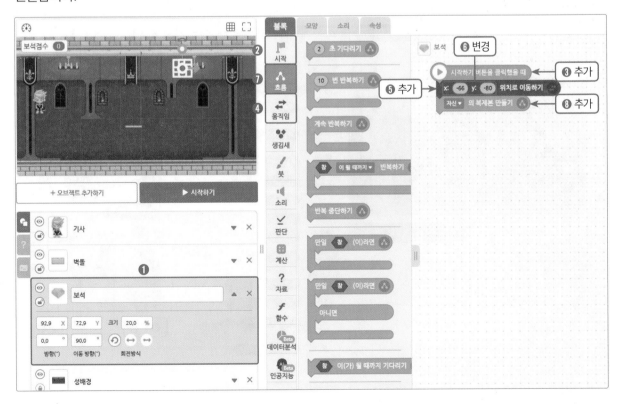

❸ 위치를 이동해 '보석'의 복제본을 만들기 위해 [x: -66 y: -80 위치로 이동하기] 위에서 [마우스 오른쪽 버튼]-[코드 복사
& 붙여넣기]를 2번 반복하여 블록을 연결합니다. 첫 번째 이동 블록의 x는 '140', y는 '80'으로, 두 번째 이동 블록
의 x는 '220', y는 '30'으로 변경합니다.

❹ 원래의 '보석' 오브젝트는 숨기기 위해 [생김새]의 [모양 숨기기]를 연결합니다.

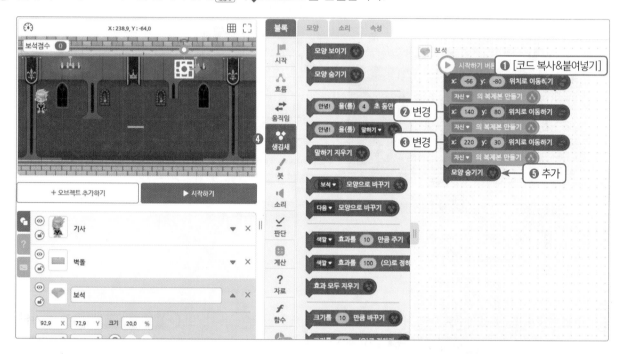

❺ '기사' 오브젝트에 닿았을 때 조건을 만들기 위해 [흐름]의 [복제본이 처음 생성되었을때] 와 [계속 반복하기], [만일 참 이라면]을 차례대
로 연결하고 [판단]의 [마우스포인터▼ 에 닿았는가?]를 조건에 끼워 넣은 후 대상을 '기사'로 변경합니다.

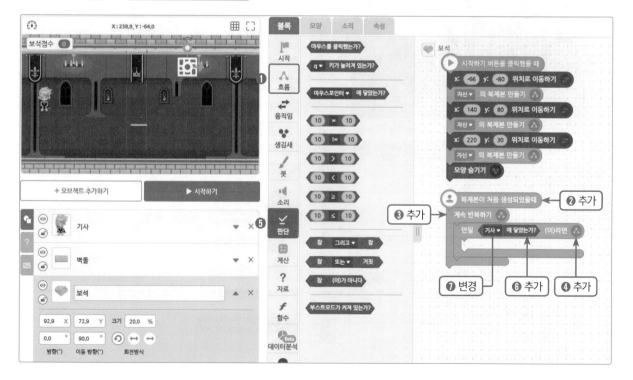

❻ '기사' 오브젝트와 닿으면 변수에 '1'을 더하고 복제본을 삭제하기 위해 [?의 자료]의 [보석점수 ▾ 에 10 만큼 더하기 ?]를 조건 블록 안에 연결하고 값을 '1'로 변경한 후 [호름]의 [이 복제본 삭제하기]를 연결합니다.

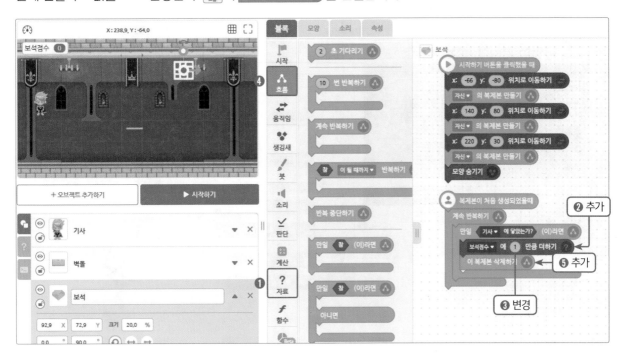

2 보석을 모두 획득하면 게임 종료하기

❶ 보석을 3개 모두 획득하면 게임을 종료하기 위해 '기사' 오브젝트를 선택하고 [시작]의 [▶ 시작하기 버튼을 클릭했을 때]를 추가한 후 [호름]의 [계속 반복하기]를 연결합니다.

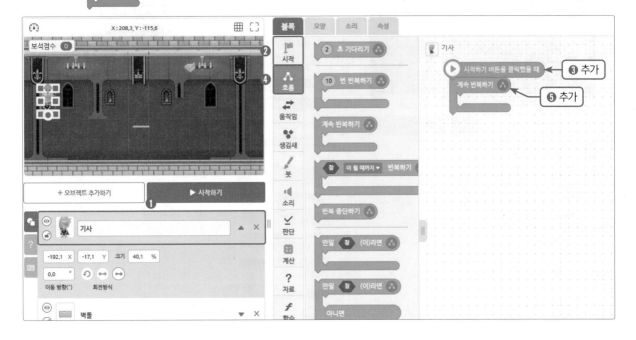

❷ ⬡의 `만일 참 이라면 ⬡`을 반복 블록 안에 연결하고 ⬡의 `10 = 10`을 조건에 끼워 넣습니다.

❸ 왼쪽 조건에 ⬡의 `보석점수 ▾ 값`을 끼워 넣고 오른쪽 조건은 '3'으로 변경합니다.

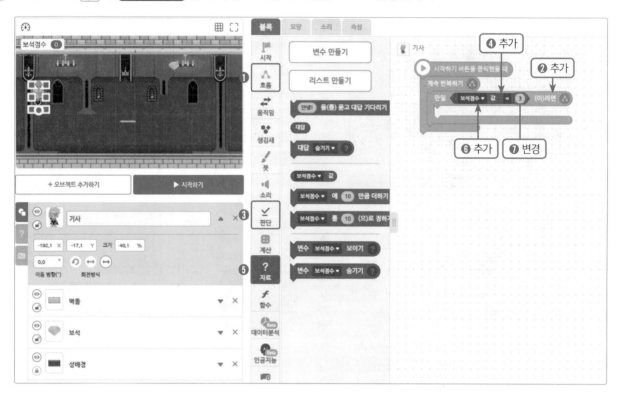

❹ ⬡의 `안녕! 을(를) 4 초 동안 말하기 ▾`를 조건 블록 안에 연결하고 텍스트를 "보석을 다 모았습니다."로, 초를 '3'으로 변경한 후 ⬡의 `모든 ▾ 코드 멈추기 ⬡`를 연결합니다.

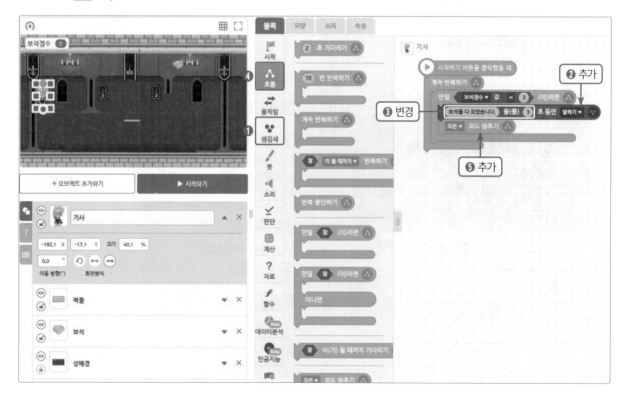

실습파일 : 보물찾기.ent   완성파일 : 보물찾기(완성).ent

01 '아이템'이 지정된 위치에 3개 복제되고 '아이템'과 '캐릭터1'이 닿으면 '별 아이템' 변수에 '1' 씩 더하는 코드를 완성해 보세요.

'아이템' 오브젝트

- ❶ 시작하기 버튼을 클릭했을 때
➡ ❷ x는 '-60', y는 '95'로 이동 하기 ➡ ❸ 자신의 복제본 만들 기 ➡ ❹ x는 '105', y는 '95'로 이동하기 ➡ ❺ 자신의 복제본 만들기 ➡ ❻ x는 '185', y는 '-80'으로 이동하기 ➡ ❼ 자신 의 복제본 만들기 ➡ ❽ 모양 숨 기기
- ❶ 복제본이 처음 생성되었을 때 ➡ ❷ ❸~❻을 계속 반복하기 ➡ ❸ 만일 ➡ ❹ '캐릭터1'에 닿았다면 ➡ ❺ '별 아이템'에 '1' 을 더하기 ➡ ❻ 이 복제본 삭제 하기

 힌트

예제 파일에는 '별 아이템' 변수가 미리 추가되어 있습니다.

02 '아이템' 3개를 모두 획득하고 '보물상자'에 닿으면 모양이 '동전'으로 바뀌도록 코드를 완성 해 보세요.

'보물상자' 오브젝트

❶ 시작하기 버튼을 클릭했을 때 ➡ ❷ ❸~❾를 계속 반복하기 ➡ ❸ 만일 ➡ ❹ '별 아이템' 값이 ➡ ❺ '3'과 같고 ➡ ❻ 그리고 ➡ ❼ '캐릭터1'에 닿았다면 ➡ ❽ '1' 초 기다리기 ➡ ❾ '동전' 모양으로 바꾸기

몬스터 포트리스 게임 만들기

좀비가 성으로 쳐들어왔어요. 대포를 이용해 포탄으로 좀비를 맞춰서 물리치는 게임을 만들어 보세요. 대포의 각도와 포탄이 날아가는 거리를 잘 계산해서 맞춰야 하는 게임입니다.

학습목표
▸ 초시계 값을 오브젝트가 날아가는 거리로 변환할 수 있습니다.
▸ 오브젝트의 방향을 회전시킬 수 있습니다.
▸ 오브젝트의 이동 방향을 오브젝트의 이동 각도로 변환할 수 있습니다.

실습파일 : 포트리스.ent   완성파일 : 포트리스(완성).ent

미션 미리보기

대포의 각도를 회전해 오브젝트의 이동 방향을 결정하고 스페이스 바를 누른 시간을 초시계로 측정하여 누른 시간만큼 포탄이 날아가 좀비를 맞출 수 있도록 코드를 완성해 보세요.

게임이 시작되면 좀비가 임의의 시간마다 나타나고
포탄을 발사하기 전 대포의 각도를 조절하여
포탄이 날아가는 이동 방향을 결정

Space Bar 를 누른 시간만큼 포탄이 날아가고
포탄이 몬스터에 닿으면 없어짐

재장전!

✅ 사용할 주요 블록

명령 블록	설명
이동 방향을 90° 만큼 회전하기	오브젝트의 이동 방향을 지정한 각도만큼 회전시킵니다.
이동 방향으로 10 만큼 움직이기	오브젝트가 이동 방향으로 입력한 값만큼 이동합니다.
방향을 90° 만큼 회전하기	오브젝트의 방향을 입력한 각도만큼 회진시킵니다.
초시계 시작하기▾ ⊞	초시계를 시작하거나 정지합니다.

1 대포 각도 조절하기

❶ [실습파일]-[23차시]에 있는 '포트리스.ent'를 열고 [속성] 탭-[변수]-[변수 추가하기]를 클릭해 '발사각'과 '발사 거리' 변수를 추가한 후 ◎를 클릭해 장면에서 변수를 숨깁니다. 이어서, [속성] 탭-[신호]-[신호 추가하기]를 클릭해 '발사신호' 신호를 추가합니다.

 예제 파일의 '몬스터1' 오브젝트에는 임의의 초를 기다렸다가 자신을 복제해 대포 방향으로 이동하고, 대포에 닿으면 게임이 처음부터 다시 실행되도록 코드가 완성되어 있습니다.

❷ 대포의 각도를 위-아래 화살표 키로 회전시키기 위해 [블록] 탭을 클릭하여 '대포' 오브젝트를 선택하고 ▶️의 `q ▼ 키를 눌렀을 때` 를 추가한 후 키를 '위쪽 화살표'로 변경합니다. 이어서, 🔁의 `방향을 90° 만큼 회전하기` 를 연결하고 각도를 '-2'로 변경한 후 ❓의 `발사거리 ▼ 에 10 만큼 더하기` 를 연결하고 변수를 '발사각', 값을 '-2'로 변경합니다.

❸ `위쪽 화살표 ▼ 키를 눌렀을 때` 위에서 [마우스 오른쪽 버튼]-[코드 복사 & 붙여넣기]를 선택하고 키를 '아래쪽 화살표', 방향을 '2', 변수 값을 '2'로 변경합니다.

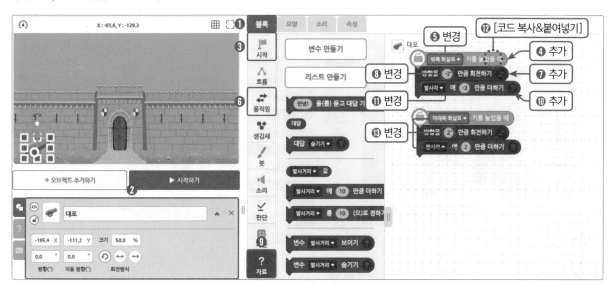

 위-아래 화살표 키를 누르면 오브젝트의 방향과 '발사각' 변수의 값이 함께 변경됩니다.

2 포탄의 발사 각도와 거리 조절하기

① 포탄 발사각의 기본 각도를 정하고 초시계를 장면에서 감추기 위해 [시작]의 ▶ 시작하기 버튼을 클릭했을 때 를 추가하고 [자료]의 ? 의
발사거리▼ 를 10 (으)로 정하기 ? 를 연결한 후 변수를 '발사각', 값을 '60'으로 변경합니다. 이어서, [계산]의 초시계 숨기기▼ ⊞ 를
연결합니다.

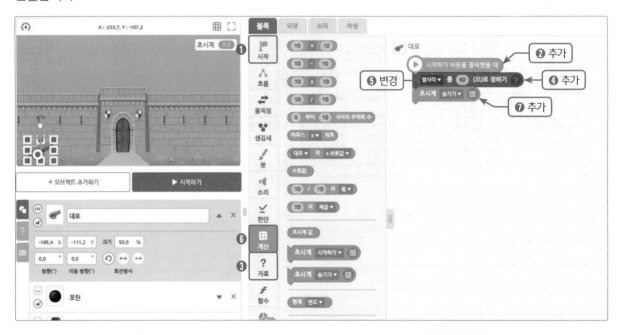

② 스페이스 키가 눌러지면 초시계를 시작하기 위해 [흐름]의 계속 반복하기 ⋀ 를 연결하고 만일 참 (이)라면 ⋀ 아니면 을 반복 블록 안에 연결
합니다.

③ [판단]의 q▼ 키가 눌러져 있는가? 를 조건에 끼워 넣고 키를 '스페이스'로 변경한 후 [계산]의 초시계 시작하기▼ ⊞ 를 조건 블록
의 참 영역에 연결합니다.

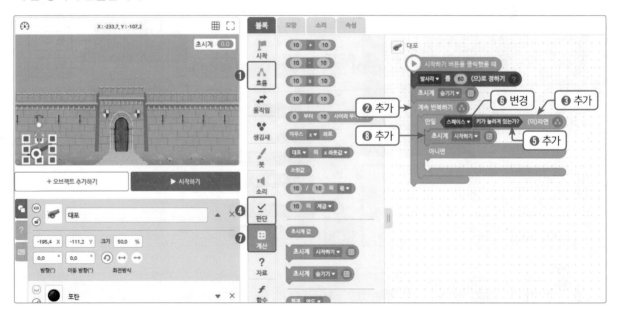

❹ 스페이스 키가 눌러져 있지 않으면 초시계를 정지하고 스페이스 키가 눌러져 있는 시간을 '발사거리' 변수에 저장하기 위해 [호름]의 [만일 참 이려면] 을 조건 블록의 아니면 영역에 연결합니다. 이어서, [판단]의 [10 > 10] 을 조건에 끼워 넣은 후 왼쪽 값은 [계산]의 [초시계 값], 오른쪽 값은 '0.5'로 변경합니다.

❺ [초시계 시작하기 ▼] 를 조건 블록 안에 연결하고 '정지하기'로 변경한 후 [자료]의 [발사거리 ▼ 에 10 만큼 더하기 ?] 를 연결하고 값에 [계산]의 [초시계 값] 을 끼워 넣습니다.

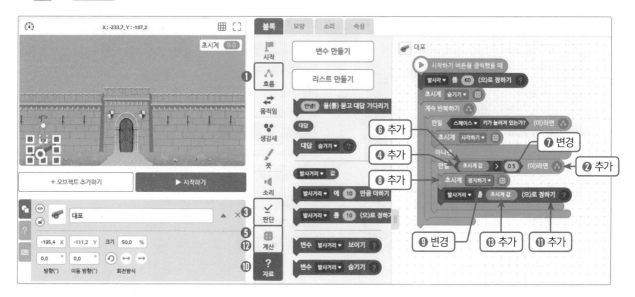

❻ 신호를 보내 포탄을 발사하고 재장전하는 시간을 만들기 위해 [시작]의 [발사신호 ▼ 신호 보내기] 를 연결한 후 [호름]의 [2 초 기다리기] 를 연결합니다.

❼ [생김새]의 [안녕! 을(를) 4 초 동안 말하기 ▼] 를 연결하고 텍스트를 '재장전!', 초를 '1'로 변경한 후 [계산]의 [초시계 시작하기 ▼] 를 연결하고 초시계를 '초기화하기'로 변경합니다.

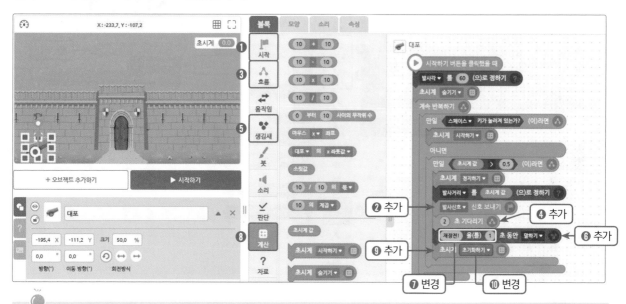

'초시계 값'이 '0.5'보다 컸을 때 조건을 지정하는 이유
스페이스 키가 눌러졌다가 띄었는지를 확인해 초시계 값을 '발사거리' 변수에 저장하기 위해서 입니다. 만약 0.5보다 컸을 때라는 조건이 없다면 '발사신호'를 계속 반복해서 보내게 됩니다.

❶ 포탄을 발사하기 위해 복제본을 만들어 보겠습니다. 먼저, '포탄' 오브젝트를 선택하고 [시작]의 (발사신호 ▾ 신호를 받았을 때) 를 추가하고 [흐름]의 (자신 ▾ 의 복제본 만들기) 를 연결합니다.

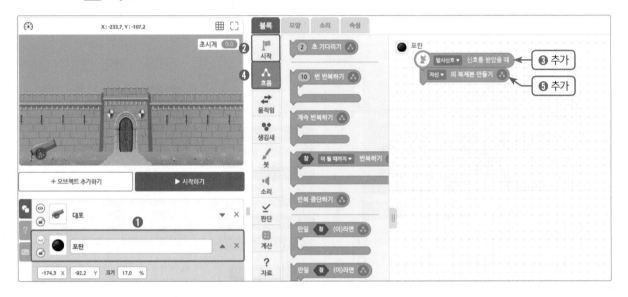

❷ '포탄'의 이동 방향을 정하기 위해 (복제본이 처음 생성되었을때) 를 추가하고 [생김새]의 (모양 보이기) 를 연결합니다. 이어서, [움직임]의 (이동 방향을 90° (으)로 정하기) 를 연결한 후 [자료]의 (발사거리 ▾ 값) 을 각도에 끼워 넣고 변수를 '발사각'으로 변경합니다.

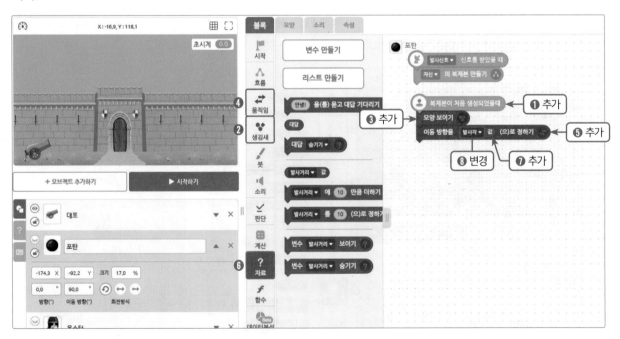

 '발사각' 변수에는 위-아래 화살표 키를 눌러 이동한 값이 저장되어 있으므로 '포탄' 오브젝트가 이동할 방향의 각도로 정해집니다.

❸ '발사거리' 변수의 값만큼 '포탄' 오브젝트를 이동시키기 위해 [흐름]의 `계속 반복하기` 를 연결하고 [움직임]의 `이동 방향으로 10 만큼 움직이기` 를 반복 블록 안에 연결한 후 [계산]의 `10 × 10` 을 값에 끼워 넣습니다.

❹ 왼쪽 값에는 '8', 오른쪽 값에는 [자료]의 `발사거리 ▼ 값` 을 끼워 넣은 후 [움직임]의 `이동 방향을 90° 만큼 회전하기` 를 연결하고 각 도를 '2'로 변경합니다.

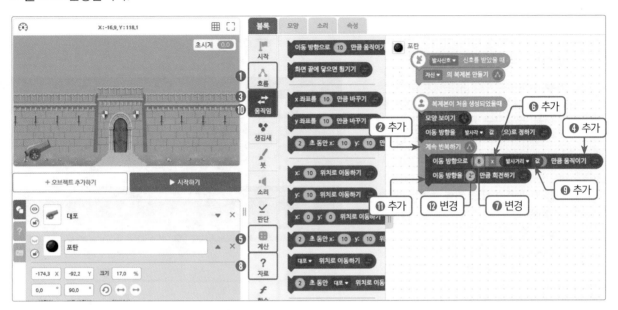

'포탄' 오브젝트의 이동을 초시계 값이 저장된 '발사거리' 변수 값에 '8'을 곱하고 이동 방향을 2도씩 회전시키는 이유는 포물선을 그리면서 날아가는 모양을 만들기 위해서 입니다. 이동 방향을 2도씩 회전시킬 때 이동 방향으로 움직이는 거리가 너무 짧으면 한번 반복될 때마다 '포탄'이 천천히 날아가게 되거나 포물선 모양이 만들어지지 않습니다. 곱할 값('8')과 회전 각도('2도')를 여러 가지로 변경하여 포탄이 어떻게 날아가는지 확인해 보세요.

❺ '포탄' 오브젝트가 아래쪽 벽에 닿으면 복제본을 삭제하기 위해 [흐름]의 `만일 참 이라면` 을 연결하고 [판단]의 `마우스포인터 ▼ 에 닿았는가?` 를 조건에 끼워 넣은 후 대상을 '아래쪽 벽'으로 변경합니다. 이어서, [흐름]의 `이 복제본 삭제하기` 를 조건 블록 안에 연결합니다.

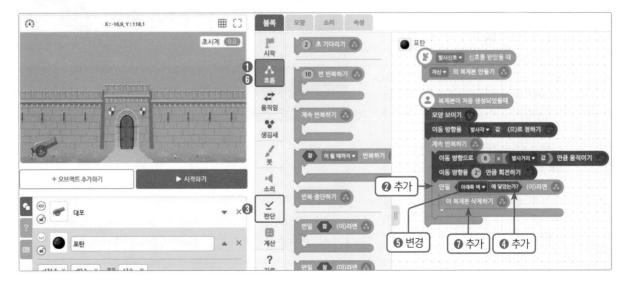

실습파일 : 순발력게임.ent   완성파일 : 순발력게임(완성).ent

 펭귄이 걸어가는 모양을 만들고 화살표 키를 누르면 점프하도록 코드를 완성해 보세요.

'펭귄1' 오브젝트

- ❶ 시작하기 버튼을 클릭했을 때 ➡ ❷ ❸~❼을 계속 반복하기 ➡ ❸ '다음' 모양으로 바꾸기 ➡ ❹ '0.05' 초 기다리기 ➡ ❺ 만일 ➡ ❻ '얼음'에 닿았다면 ➡ ❼ '모든' 코드 멈추기
- ❶ '아래쪽 화살표' 키를 눌렀을 때 ➡ ❷ ❸을 '15'번 반복하기 ➡ ❸ y 좌표를 '4' 만큼 바꾸기 ➡ ❹ '0.1'초 기다리기 ➡ ❺ ❻을 '20'번 반복하기 ➡ ❻ y 좌표를 '-3' 만큼 바꾸기

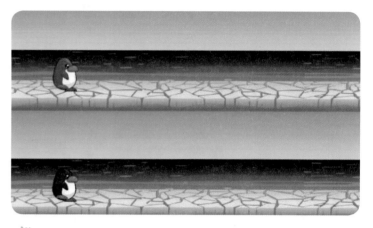

 힌트

'펭귄2' 오브젝트는 '펭귄1' 오브젝트와 같은 코드로 작성하되 '아래쪽 화살표' 키를 눌렀을 때를 '위쪽 화살표' 키를 눌렀을 때로만 변경합니다.

 '얼음'이 지정한 곳에 복제되고 임의의 초를 기다렸다가 임의의 모양으로 바꾼 후 왼쪽으로 이동하도록 코드를 완성해 보세요.

'얼음' 오브젝트

- ❶ 시작하기 버튼을 클릭했을 때 ➡ ❷ 모양 숨기기 ➡ ❸ '2'초 기다리기 ➡ ❹ y: '-110' 위치로 이동하기 ➡ ❺ '자신'의 복제본 만들기 ➡ ❻ y: '30' 위치로 이동하기 ➡ ❼ '자신'의 복제본 만들기
- ❶ 복제본이 처음 생성되었을 때 ➡ ❷ ❸~⓭을 계속 반복하기 ➡ ❸ '1'부터 '4' 사이의 무작위 수 ➡ ❹ 초 기다리기 ➡ ❺ '1'부터 '3' 사이의 무작위 수 ➡ ❻ 모양으로 바꾸기 ➡ ❼ 모양 보이기 ➡ ❽ '자신'의 복제본 만들기 ➡ ❾ '얼음'의 'x 좌푯값' 이 ➡ ❿ '-270'보다 작거나 같을 ➡ ⓫ 때까지 ⓬를 반복하기 ➡ ⓬ x좌표를 '-3'만큼 바꾸기 ➡ ⓭ 이 복제본 삭제하기

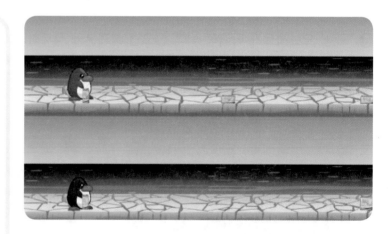

 힌트

예제 파일의 '남극배경'과 '남극배경1' 오브젝트에는 배경이 오른쪽에서 왼쪽으로 반복해 이동되도록 코드가 작성되어 있습니다.

게임 결과 순위 구하기

24

게임이 종료되어 최종 점수가 나오면 다른 친구들의 점수와 비교해 자신의 점수가 몇 등인지 알수 있도록 리스트를 만들어 코딩을 해보세요.

학습목표
- ▸ 리스트를 이용해 순위를 구할 수 있습니다.
- ▸ 현재 점수를 리스트와 비교해 순위를 변경할 수 있습니다.
- ▸ 리스트의 순서를 텍스트로 표시할 수 있습니다.

실습파일 : 좀비를 물리쳐라.ent　　**완성파일** : 좀비를 물리쳐라(완성).ent

미션 미리보기

게임에서 획득한 점수를 '랭킹' 리스트에 저장되어 있는 값과 비교하여 리스트 순서를 변경하고 등수를 텍스트 오브젝트에 표시합니다. 3등 보다 작은 점수를 획득했다면 캐릭터가 말을 합니다.

게임이 끝나면 '랭킹' 리스트에 기록되어 있는 점수와 비교하여 리스트의 값을 변경하고 등수가 표시됨

1~3등 외의 등수일 경우 캐릭터가 말을 함

✓ 사용할 주요 블록

명령 블록	설명
랭킹 ▼ 1 번째 항목을 10 (으)로 바꾸기	선택한 리스트의 지정한 항목의 값을 입력한 값으로 변경합니다.
랭킹 ▼ 의 1 번째 항목	선택한 리스트의 지정한 번째 항목 값입니다.
안녕! 과(와) 엔트리 를 합치기	입력한 두 텍스트를 합친 값입니다.
엔트리 라고 글쓰기	입력한 텍스트를 표시합니다.

1 리스트의 랭킹 값 변경하기

❶ [실습파일]-[24차시]에 있는 '좀비를 물리쳐라.ent'를 열고 순위를 저장할 리스트를 만들기 위해 [순위] 장면 탭을 선택합니다. 이어서, [속성] 탭-[리스트]-[리스트 추가하기]를 클릭한 후 리스트 이름에 '랭킹'을 입력하고 [확인] 버튼을 클릭합니다.

❷ 를 클릭해 장면에서 리스트를 숨긴 후 리스트 항목수를 '3'으로 변경합니다.

> ▸ 예제 파일에는 '순위없음' 신호와 '점수' 변수가 추가되어 있습니다.
> ▸ 예제 파일의 [게임] 장면의 '점수' 오브젝트에는 '점수' 변수의 값을 표시하는 코드가 미리 작성되어 있습니다.
> ▸ 예제 파일의 [게임] 장면의 '몬스터1' 오브젝트에는 포탄에 맞으면 '점수'가 누적되고 '대포' 오브젝트와 닿으면 [순위] 장면이 시작되도록 코드가 작성되어 있습니다.
> ▸ 예제 파일의 [순위] 장면의 '새로고침 버튼' 오브젝트에는 오브젝트를 클릭했을 때 게임을 다시 시작하는 코드가 작성되어 있습니다.
> ▸ 예제 파일의 [순위] 장면의 '캐릭터' 오브젝트에는 장면이 시작되면 캐릭터의 모양이 바뀌는 코드와 '순위없음' 신호를 받았을 때 말을 하도록 코드가 작성되어 있습니다.

❸ [게임] 장면에서 게임이 종료되어 [순위] 장면이 시작되면 '점수' 변수에 저장되어 있는 점수를 '랭킹' 리스트의 값과 비교하도록 만들어 보겠습니다. '성배경1' 오브젝트를 선택하고 [블록] 탭을 선택한 후 🚩 의 [장면이 시작되었을때] 를 추가하고 △ 의 [만일 참 이라면 / 아니면] 을 연결합니다.

❹ ⊻ 의 [10 > 10] 을 조건에 끼워 넣고 왼쪽 조건에는 ? 의 [발사거리▼ 값] 을 끼워 넣고 변수를 '점수'로 변경한 후 오른쪽 조건에는 ? 의 [랭킹▼ 의 1 번째 항목] 을 끼워 넣습니다.

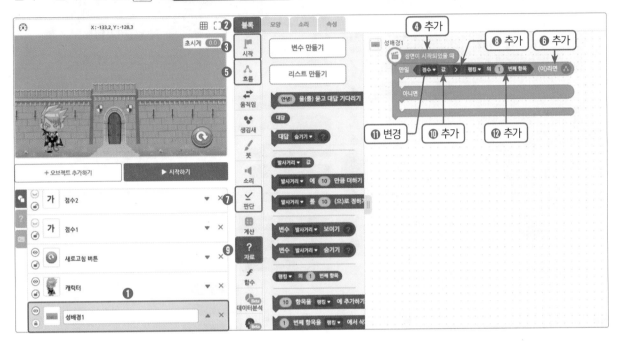

❺ ? 의 [랭킹▼ 1 번째 항목을 10 (으)로 바꾸기] 블록 3개를 조건 블록의 참 영역에 연결하고 첫 번째와 두 번째 블록의 오른쪽 값에는 ? 의 [랭킹▼ 의 1 번째 항목] 을 끼워 넣습니다. 이어서, 왼쪽 값은 '3', '2', '1', 오른쪽 값은 '2', '1'로 변경하고 마지막 값은 ? 의 [발사거리▼ 값] 을 끼워 넣고 변수를 '점수'로 변경합니다.

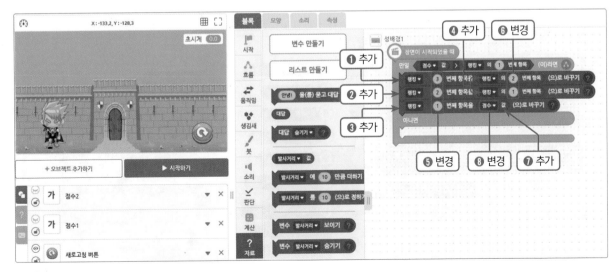

 게임이 종료되고 획득한 '점수' 변수의 값을 '랭킹' 리스트 1위 값과 비교했을 때 현재 '점수' 변수 값이 더 크다면 이전에 저장되어 있는 리스트의 값을 하나씩 아래로 이동하고 '1'번째 항목을 '점수' 변수 값으로 변경합니다.

❻ '랭킹' 리스트의 2위 값과 '점수' 변수 값을 비교하기 위해 [그림] 위에서 [마우스 오른쪽 버튼]-[코드 복사 & 붙여넣기]를 선택하여 '아니오' 영역에 연결합니다. 이어서, 두 번째 [랭킹▼ 2 번째 항목을 랭킹▼ 의 1 번째 항목 (으)로 바꾸기] 블록을 드래그하여 삭제하고 각 블록의 값을 아래 그림처럼 변경합니다.

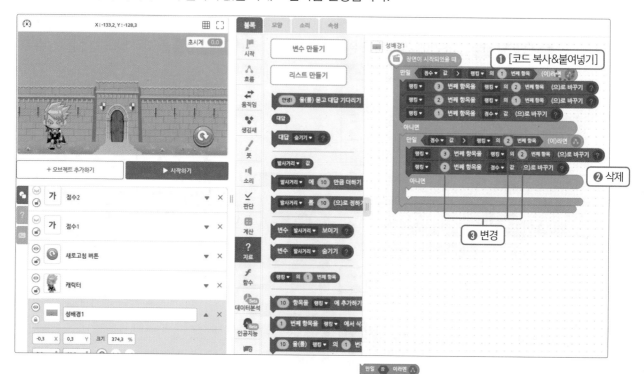

❼ '랭킹' 리스트의 3위 값과 '점수' 변수 값을 비교하기 위해 두 번째 [그림] 위에서 [마우스 오른쪽 버튼]-[코드 복사 & 붙여넣기]를 선택하여 '아니오' 영역에 연결합니다. 이어서, 첫 번째 [랭킹▼ 3 번째 항목을 랭킹▼ 의 2 번째 항목 (으)로 바꾸기] 블록을 드래그하여 삭제하고 각 블록의 값을 아래 그림처럼 변경합니다.

❽ '점수' 변수 값이 '랭킹' 리스트의 3위 보다 작다면 신호를 보내기 위해 [시작]의 [순위없음▼ 신호 보내기]를 '아니오' 영역에 연결합니다.

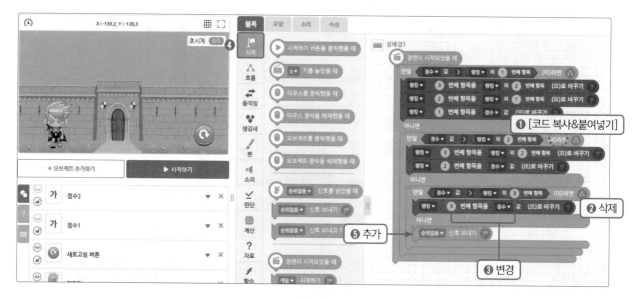

② 랭킹과 점수 표시하기

① 게임이 완료되면 1등의 점수를 표시하기 위해 '점수1' 오브젝트를 선택하고 [시작]의 [장면이 시작되었을때]를 추가합니다. 이어서, [흐름]의 [2 초 기다리기]를 연결하고 초를 '1'로 변경한 후 [생김새]의 [모양 보이기]를 연결합니다.

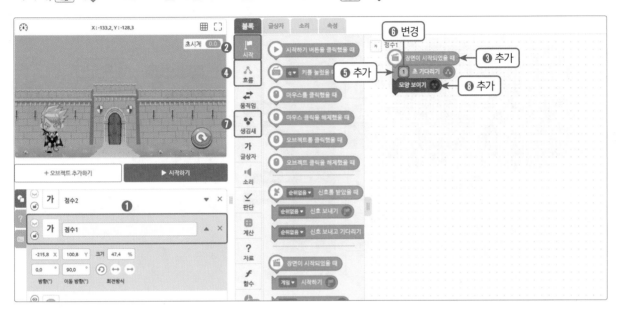

② [글상자]의 [엔트리 라고 글쓰기]를 연결하고 텍스트 입력란에 [계산]의 [안녕! 과(와) 엔트리 를 합치기]를 끼워 넣은 후 첫 번째 텍스트 입력란에 "1등"을 입력합니다. 이어서, [자료]의 [랭킹 ▼ 의 1 번째 항목]을 두 번째 텍스트 입력란에 끼워 넣습니다.

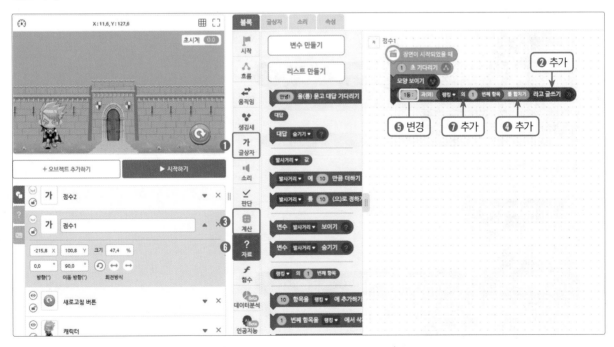

❸ 게임을 종료한 게이머가 1등이면 자신의 등수를 크게 보여주기 위해 [흐름]의 [만일 참 이라면 △]을 연결하고 [판단]의 [10 = 10]을 조건에 끼워 넣습니다.

❹ 왼쪽 값에는 [?자료]의 [발사거리 ▼ 값]을 끼워 넣고 변수를 '점수'로 변경한 후 오른쪽 값에는 [?자료]의 [랭킹 ▼ 의 1 번째 항목]을 끼워 넣습니다. 이어서, [생김새]의 [크기를 10 만큼 바꾸기]를 조건 블록 안에 연결하고 값을 '20'으로 변경합니다.

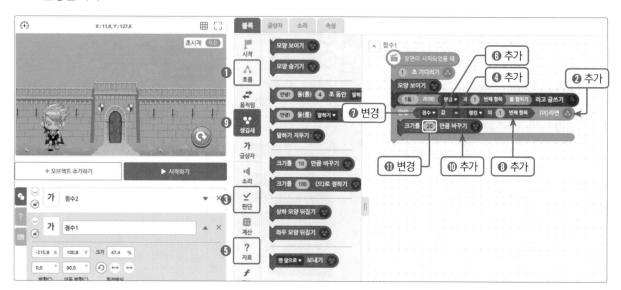

❺ [장면이 시작되었을때] 위에서 [마우스 오른쪽 버튼]-[코드 복사]를 선택하고 '점수2'와 '점수3' 오브젝트에 붙여 넣습니다. 초와 텍스트, 항목을 각각 변경해 코드를 완성합니다.

▲ '점수2' 오브젝트

```
장면이 시작되었을 때
  3 초 기다리기 △
  모양 보이기 🌼
  3등 : 과(와) 랭킹 ▼ 의 3 번째 항목 를 합치기 라고 글쓰기 가
  만일 점수 ▼ 값 = 랭킹 ▼ 의 3 번째 항목 (이)라면 △
    크기를 20 만큼 바꾸기 🌼
```

▲ '점수3' 오브젝트

실습파일 : 달려라 펭귄.ent   완성파일 : 달려라 펭귄(완성).ent

 '얼음'이 '펭귄'을 지나갔을 때 '점수' 변수에 '1'점씩 점수를 증가시키고 텍스트 오브젝트에 표시되도록 코드를 완성해 보세요.

'얼음' 오브젝트

❶ 복제본이 처음 생성되었을 때 ➡ ❷ '자신'의 'x좌푯값'이 ➡ ❸ '펭귄1-1'의 'x좌푯값' ➡ ❹ 보다 작을 ➡ ❺ 때까지 기다리기 ➡ ❻ 만일 ➡ ❼ '자신'의 'x좌푯값'이 ➡ ❽ '펭귄1-1'의 'x좌푯값' ➡ ❾ 보다 작거나 같다면 ➡ ❿ '점수'에 '1'만큼 더하기

'점수' 오브젝트

❶ 장면이 시작되었을 때 ➡ ❷ '점수'를 '0'으로 정하기 ➡ ❸ ❹를 계속 반복하기 ➡ ❹ '점수' 값 ➡ ❺ 이라고 쓰기

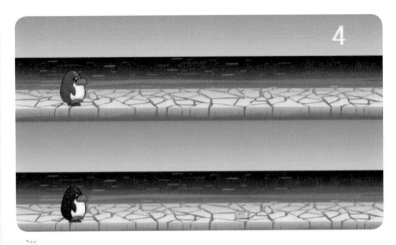

 힌트

예제 파일에는 '점수' 변수와 '순위없음', '게임종료' 신호, '순위' 리스트가 미리 추가되어 있습니다.

 순위에 들지 못하면 '펭귄1-2' 오브젝트가 "순위에 들지 못했네요."라고 말하고 '새로고침 버튼' 오브젝트를 클릭하면 게임을 다시 시작할 수 있도록 코드를 완성해 보세요.

[순위] 장면의 '펭귄1-2' 오브젝트

• ❶ 시작하기 버튼을 클릭했을 때 ➡ ❷ ❸~❹를 계속 반복하기 ➡ ❸ '다음' 모양으로 바꾸기 ➡ ❹ '0.05'초 기다리기

• ❶ '순위없음' 신호를 받았을 때 ➡ ❷ "순위에 못들었네요."를 말하기

[순위] 장면의 '새로고침 버튼' 오브젝트

❶ 오브젝트를 클릭했을 때 ➡ ❷ '게임' 시작하기

 힌트

예제 파일의 [순위] 장면에는 '순위' 리스트를 이용해 점수의 순위를 구하고 3위보다 작다면 '순위없음' 신호를 보내는 코드와 텍스트 오브젝트에 순위를 표시하는 코드가 미리 작성되어 있습니다.

MEMO